Achim Heinze

Helle Lyrik in eine dunkle Welt

100 Gedichte

AF706716

Achim Heinze

Helle Lyrik in eine dunkle Welt

100 Gedichte

Rediroma-Verlag

Bibliografische Information der Deutschen Nationalbibliothek:
Die Deutsche Nationalbibliothek verzeichnet diese Publikation in der Deutschen Nationalbibliografie; detaillierte bibliografische Daten sind im Internet über http://portal.dnb.de abrufbar.

ISBN 978-3-98527-613-4

Copyright (2022) Rediroma-Verlag

Umschlagillustration:
Coverfoto: U.P. Wolf

Alle Rechte beim Autor

www.rediroma-verlag.de
9,95 Euro (D)

Inhaltsverzeichnis

Einleitende Reime

Die Musik der Lyrik

Ein Hausbuch guter Dichtkunst nahm ich jüngst zur Hand,
Manch geistvoll Sentenz dort zu lesen stand.
Nicht alle Autoren kannt ich gut genug;
Doch beim Lesen wird der Mensch erst klug!

Zahlreiche große Dichter gibt's immer noch neu zu entdecken,
Die schrieben rundheraus – und nicht um tausend dunkle Ecken.
Sie hatten die rechte Verve, hohes Talent und lyrisch war ihr Schmiss,
Allesamt authentisch und versehen mit verbalem Biss.

Heißt man sie im Zweifelsfalle gern Friedrich oder Theodor,
Das wär grad so, als käme keiner mehr sonst vor.
Damit macht man gewiss nicht viel falsch und noch mehr richtig,
Doch auch andere Vertreter waren durchaus wichtig!

Ehre doch, wem solche Ehr wollen wir gebühren.
Dabei alle Wege nur zu Goethe führen?
Uhland, Tucholsky, Ebner-Eschenbach gewiss,
Auch Storm, Droste-Hülshoff oder Kästner selten man vergisst.

Doch wolln wir nicht nur Dichter nennen,
Die wir allesamt schon bestens kennen.
Nicht vorschnell über die Heitren sollt man richten,
Denn auch leichter Stoff ist durchaus mal schwerlich dichten.

Und sei´s drum: Roth, Rilke, Mörike oder Heyse,
Fontanes Balladen und von Eichendorff die Weise.

Gumppenberg, Novalis oder Claudius,
Gedichtet wurd hierzubreiten schon fast im Überfluss.

Mancher jedoch gilt uns heut nicht mehr als tragbar Vorbild,
Aber führte er das Interpretierte wirklich so im Schild?
Indem man manch Heimatliches heut anders gewichtet,
Wird manchem Dichter einiges wohl angedichtet.

Noch weitere ein vergessnes Dasein schmachten.
Eich und Huchel wären auch nicht grad zu verachten.
Naturlyriker schrieben über Wald, Wiesen und so manche Flur
Bis hin zum Balladenreigen in X-Moll und Z-Dur.

Hölderlin, Klopstock, Bretano sowie Benn –
Trakl oder Grillparzer – darauf, dass man sie noch besser kenn!
Und wer sterben muss und nie Rückert, Hebbel und Heine hat gelesen,
Scheint nie so recht auf unsrer Erde wohl gewesen!

Falke, Keller, Dingelstedt und Liliencron –
Auch den großen Schiller und C.F. Mayer man nicht verschon.
Vor geflissentlich bestärkender Lektüre,
Dem lyrischen Hausbuch heilger Schwüre.

Keller, Greif, Brockes und Hölderlin
Auch ihr Eintrag macht hierbei gewiss viel Sinn.
Man vergisst nur allzu gern Nietzsche, Dehmel und den bösen Busch
Auch für Herwegh gibt's gar selten einen größren Tusch.

Ist mal ein weiser Sinnspruch schnell von Nöten,
So wird´s doch meist wieder einer „nur" von Goethen,

Der des Feuilletons Feder lässt schreiben schnell.
Als wär sonst niemand mit Spruchweisheit zur Stell!

Als Quelle man heut gern das Netz hernimmt,
Obwohl der Verfasser dort nicht immer stimmt.
Darum macht Euch die Lektüre nicht länger noch zur Qual,
Große Meister liest man im Original!

Für Arnim, Tauler, Brentano und auch Gryphius –
Mein letztes Wort – und damit Schluss:
Es sei deshalb der Welt der Lyrik für leise Inspiration einmal Dank,
Und ich stell das Buch zurück – unerreichbar hoch im Schrank.

Die Lyrik der Musik

Halten wir inne, nur für einen Augenblick:
Was wär schon die feinste Literatur gegen die ganz große Musik?
Drum wolln wir auch ihr heut ein Denkmal setzen,
An dieser Stelle, auf die Schnelle und doch ohne durchzuhetzen.

Bei Adam und Eva war´s noch nicht so weit,
Die Lyrik der Musik begann erst mit der frühen Zeit.
Aus dem Schießbogen wurde die erste Ein-Sait-Geigenart,
Mit Tierhörnern und Spaltlochflöten wurd man damals schon genarrt.

In Mesopotamien begab sich´s dann – Musik wurde nun berüflich,
Und Leier, Laute, Schalmei, Trompete als Instrumente üblich.
Wölbbrettzither und Kürbis-Mundorgel machten Land und Leute froh,
Über ihren Klang weiß man wenig – vielleicht ist´s auch besser so!

Die alten Griechen notierten schon in Buchstaben-Tonschrift, China hielt Konfuzius vor,
Pythagoras Intervallehre – und im antiken Rom man sich zur Musik der Tibia verlor.
Von der Völkerwanderung bis zum Mittelalter war's gewiss eine musikarm, schwere Zeit:
Erst das Hochmittelalter hielt wieder Größen à la Wolkenstein, Tannhäuser und Von der Vogelweid bereit.

Spielleute, Troubadoure, die Minne und das Meistersingen,
Motetten, Organum und Balladen ließ man weithin erklingen.
Drehleier, Pauke, Sackpfeife und ein hölzern Trumscheit:
Noch etwas grob war sie wohl – die gute alte Mittelalter-Musikzeit!

Die Renaissance bot dann erste Meister: Palestrina und Di Lasso:
Wohl der Musikgeschichte Dürer und Picasso.
Die Chöre stellte man getrennt auf nach Klangniveau,
Heute sagt man dazu kurz nur Stereo.

Pavane, Galliarde oder Madrigal?
Erste Polyphonie – doch nicht alles war des Klerus Fall!
Überhaupt war´s eine Gratwanderung und nicht selten gar ein Leid:
All Musik nur ein halbblinder Spiegel ihrer Zeit.

Barock ist Bach und umgekehrt,
Der Grökoz hatte bekanntlich als Thomaskantor lang gelehrt.
Beethoven hätt´s so ohne Bach niemals gegeben:
Umgekehrt schon – damit musst er leben!

Ebenso Vivaldi, Schütz, Händel und Telemann
Bieten sich als Barock weiter zu nennen an.
Die erste Oper schrieb Monteverdi in Italien,
Auch Concerti Grossi und Ballette zählten zu den Musikalien.

Danach die Klassik – manche setzen sie mit der E-Musik gar gleich,
Sie war wie keine andere Epoche an großen Meistern reich:
Haydns Paukenschlag, Beethovens Mondscheinsonate, Salieris Gift;
Bis hin zu Mozart, wo hoher Lorbeer auf leeren Teller trifft.

Die Romantik gab´s zu hörn schier überall als neue Haute Culture,
Ein kurzer Überblick drum, wer stand dafür:
Borodin, Bruckner, Dvorak, Mahler, Puccini,
Grieg, Bizet und natürlich auch Paganini.

Brahms kam kaum noch vor zum Klavier mit seinem dicken Bauch,
Wie traf er nur die Tasten – im dicken Zigarrenrauch?
Weiter verläuft die Geschichte, hin zu Schuberts Weise,
Über Tschaikowsky, Weber und Verdi verläuft die romantisch Reise.

Wagner – der steht für sich allein und wird´s wohl immer bleiben.
An ihm kann sich das Feuilleton wie an keinem andern reiben.
Ravel, Schönberg, Henze oder Hindemith, Stockhausen:
Das letzte Jahrhundert war nichts für reaktionäre Kulturbanausen.

Die Geschichte ernster Musik gilt damit als geschrieben,
Ein schweres Erbe ist uns allen an ihr geblieben.
Dieses anzutreten wir uns leider manchmal zieren,
Lassen darüber die Finken stattdessen fleißig schmieren.

Ein Ende findet heute die Zeit hoher Komposition,
Drum gebt ihr wenigstens den verdienten Lohn.
Hört sie nicht im Kaufhaus, die Musik der großen Meister,
Oder gar als Werbung für Konfekt und Kleister!

Genießt sie und spürt ihren Geist,
Der allzeit neue Wege weist.
Spürt die Sehnsucht und fühlt die Schwere,
Erweist den großen Meistern diese letzte Ehre!

Gedichte

Heiteres

Der Riese Nase

Jeder Mensch trägt im Gesichte ein Organ,
Dem man angeblich säh des Trägers menschlich Charakter an.
Wovon ich spreche? Es reimt sich auf „Blase“
Und ist auch nicht minder wichtig – kurzum: die Nase.

Was hat er schon beschäftigt Menschengenerationen:
Ein Erker, der im Gesichte pflegt zu thronen.
Der Eine spricht ihm zu die Kraft des mutgen Mannes,
Der Nächste sucht die Analogie gar zum Heiligen Johannes.

Und als junger Mann der Übermutige,
Holt sich alle naslang auch mal eine blutige.
Doch unser Gotte wohl hat sich dabei etwas gedacht –
Und die menschlich Nas fest genug doch angebracht.

Das Prinzesschen trägt sie edel-glatt
Und beim Boxer wirkt sie eher platt.
Steht sie jemandem zu weit vor,
Hilft ab operativlich der Herr Doktor.

Gar empfindlich zeigt sie sich beim Corona-Stäbchen
Und so manch gestandner Mann wird glatt zum kleinen Mädchen.[1]
Darf der Mensch aus der Krankheitsquarantäne endlich wieder heraus,
Dann merkt mancher erstaunt: das Riechorgan fällt noch länger aus!

Doch war´s nicht immer doch das Schlechte,
Was für sich beanspruchte die Sonderrechte?
Was erlaubt sich eigentlich dieses hochnäsige Organ?
Situiert zwischen Aug und Zahn.

Man macht sie lang, hat sie mal voller – durchaus ein Brimborium,
Das veranstaltet wird um unser aller Geruchs-Sensorium.
Nicht immer steht man ihr gegenüber nur im Guten,
Und wenn sie weint, muss sie gleich bluten.

Von uns Menschen bezeichnet wird sie gar wundervolle:
Vom Riechkolben, über Zinken – bis hin zur tollen Knolle!
Diese Gesichtskartoffel muss wohl etwas Besonders an sich tragen,
Spricht man doch nie im gleichen Stil von der Galle oder dem Magen.

Und auch ich musst ihn in die Lyrik einmal packen,
Diesen ganz famosen und besondren Zacken.
Er scheint schon zu sein ein ganz verworren Ding:
Unser aller Gewürzeprüferling.

Doch schön ist sie selten nur – besehen recht im Licht,
Und mancher sogar leicht näselnd durch sie spricht.
Man schnieft laut oder zieht hoch mit sonorem Gebrumme,
Und alles vollbringt nur sie: die olle Gumme.

Stupsig, krumm, gar schief gewickelt,
Und zur Pubertät reichlich bepickelt.
Als ob das alles nicht schon reichen würd, zum Überbraus
Wächst aus ihr auch noch ganz frech ein Haar heraus.

Der Visagist wird an ihr nicht froh,
Dem Lügner wächst sie angeblich wie Pinocchio.
Sie wurzelt schräg, mal steht sie vor,
Ein andermal wirkt´s wie ein Zielfernrohr.

So wie´s Gott wollte ist unsre Nas beschieden,
Doch längst nicht jeder ist mit ihr zufrieden.
Da hilft kein lautes Schimpfen oder stilles Protestieren,
Und doch: Mancher lässt heimlich sie korrigieren.

Wir sind hier ganz ehrlich, und man glaube mir,
Das wohlgeraten Näschen gilt als ganz besondre Zier.
Und wie man´s dreht und noch so wendet:
Ein schiefer Rüssel doch eher schändet.

Ganz selten ist´s dass sich jemand seines Riechorganes rühme,
Den meisten scheint sie ein grobes Ungetüme.
Jedem Menschen ist somit seine Nas beschieden,
Nur keiner scheint mit ihr so recht zufrieden.

Der ausgebildete Kranke

Eingebildeter Kranker – so hieß man ihn vor Zeiten lang,
Heute hat er eine Bildung von autodidaktisch hohem Rang.
Er weiß um Schluckauf, Mundgeruch und Wechseljahreshitze,
Kennt alle wertherschen Leiden: vom Fuße bis zur Nasenspitze.

Steht er Montagmorgens zur Arbeitswoche schwer sich auf,
Plagen ihn schon Milzstechen und ein roter Lauf.
Versucht er gar, gleich zur Stärkung was zu essen,
Melden sich Magenreiz und Appetitabfall: Man kann´s vergessen!

Ein Pfropf im Ohr und Wasser wohl im linken Bein,
Nasenfurunkel und im Rachen zäher Schleim.
Ischiasschmerz und Nesselsucht am Ballen,
Während durch die Orangenhaut Schmerzensstiche wallen.

Tropfnase, Schniefgesicht und eingefrornes Schulterblatt:
Der Kreislauf tief im Keller; ja, er fühlt sich richtig matt.
Chronische Erschöpfung, gepaart mit akutem Fremdkörperbefall:
Bei ihm fehlt´s wahrlich überall.

Seitenstechen von links nach rechts und gleich wieder von dort zurück,
Nein, zum Wohlbefinden fehlt heut noch ein ganz, ganz großes Stück!
Allergische Atmung, Kieferfrost und der Speichelfluss zäh bis klebrig,
Kurz zusammengefasst: einfach unheilbar krank – auf ewig!

Mit Knie-Arthrose und starrer Hüfte beginnt der neue Wochentag,
Was ein Wunder, dass er überhaupt noch drei Schritte laufen mag!
Er schafft´s tatsächlich noch bis zum eingeparkten Wagen,
Beim Einstieg hat er Rücken und über den Blähbauch kommen Klagen.

Trifft er schließlich doch noch bei der Firma ein,
Meldet sich plichtschuldig schon das nächste Zipperlein:
Der alte Bandscheibenschaden ruft nach Wärmflasche und Voltaren,
Heute arbeiten? Nein, er kann ja kaum noch grade stehn!

Schleppt sich mit letzter Not und Kraft noch hin bis zum Lift.
In diesem Zustand Treppensteigen? Das wär jetzt Gift!
Die nächste Hürde wird grad noch so erklommen,
Dann ist er endlich im Krankenz... – im Büro angekommen.

Da fällt ihm ein – heut wär doch was gewesen!
Ja, doch – ein junges Fräulein wartet auf ihn am Eingangstresen.
Steht vor ihm, eine neue Sekretärin: jung und blond; was für ein Gerät!
Und er käme heute fast zu spät!

Rief er grad noch nach Heizkissen und Fango,
So tanzt er jetztgleich schon insgeheime mit ihr Tango.
Tja, wie im Fluge sind alle Leiden weggeweht,
Wenn sich´s um eine ganz besondere Sache dreht.

Wie sie sich nennt, ich weiß es nicht.
Aber ganz gewiss nicht Kolik oder Gicht!
Nur ein Hausmittel hilft somit wirklich gegen jeden großen Schmerz:
Es wirkt weder in Kopf noch Bauch, sondern nur im Herz!

Nicht verzagen

„Nicht verzagen, Oma fragen“, so sprach man einst vor langer Zeit.
Inzwischen wärn wir wieder Mal soweit.
Denn guter Rat ist heute wieder rar und teuer –
Doch Großmuttern lebt nicht mehr bei uns im Gemäuer.

Seinerzeit versteckt unter Schürz und blumig Kittel,
Lag ein unermesslich Erfahrungsschatz – mit manch häuslich Mittel.
Bei Verstopfung, Alpdruck, Darmkatharr, Hexenschuss, Heiserkeit:
Die Omama wusste stets Abhilfe und wie man lindert solches Leid.

Ob Wurmkur, Maden oder gar Zinnkraut-Darmeinlauf,
Gichtanfall, erotizierte Eifersucht oder schlichtweg Schwer-Schnauf,
Schweißausbrüche, Orgasmusangst und Zwölffingerdarmgeschichten,
Sodbrennen oder Sonnenstich? Nur Oma konnt es wieder richten!

Haarausfall, Gürtel-Neurose, Nagelbettreiz und Fußpilz,
Nervöse Unruhe, Ohrensausen oder gar ein Brande auf der Milz.
Oder nach dem Polterabend böse Lücken:
Immer konnte Großmuttern mit Ratschlägen uns beglücken!

Radfahren auf dem Rücken bei Migräne,
Salbei, Iris und Natron gegen unsere schlechten Zähne.
Rhabarber bei Wechselbeschwerden und sogar für den jungen Stenz,
Ein geübter Handgriff – so steht´s geschrieben – gegen die Impotenz.

Gewiss: Nicht alles glänzt heute noch, was einstmal Golde war,
So manch Mittelchen macht sich inzwischen rar.
Zum Beispiel ein Öle namens Rizinus,
War der Wohltat gewiss nicht letzter Schluss!

Bei Nierenkolik empfahl Oma Sprudelsekt, der den Stein weitertreibt,
Der Eine verträgt´s, der Nächste sp...
...Spielt seinen Schmerz einfach herunter,
Tut grad so, als wär er immer frisch und munter.
Und niemand merkt´s im ganzen Land,
Nicht aber Großmutter – die hätt´s gewiss erkannt!

Von Störchen

Der Mensch gilt als edel, hilfreich, gut und kultiviert,
Drum er auch regelmäßig tabuisiert.
Denn eine Sache gibt es doch in unsrem Leben,
Die verbal geht in jeder Form ziemlich daneben.

Das Unaussprechliche, wie soll man es nun nennen?
Am besten einfach so, dass Frau und Mann zusammen pennen.
Von Kopulation umständlich schreibt der seriöse Journalist,
Grad so, als ob´s damit was Anderes ist.

Durchaus derbe kann es klingen, das Fraun-Beglücken,
Der Prolet spricht´s aus: „Ich will fi....!"
Fast wär´s auch ihm herausgerutscht:
Das, was verbal so gar nicht flutscht.

Andere nennen´s lieber „Miteinander-Schlafen" – gut.
Obwohl man das ja grad nicht dabei tut.
Ganz verklemmt kommt´s über die Lippen dem Pfaffen wie im Psalter:
Er spricht von der keuschen Blüte und dem hochgewachsnen Falter.

Man bemüht die Vögel und noch ganz unfruchtbare kleine Ferkel,
Zu metaphieren des Homo Sapiens Sapiensis nächtliches Gewerkel.
Oft unverhofft, unerwünscht und kaum formulierbar nur;
So bleibt sie doch des Menschen wahre und archaische Natur.

Wie man es nun dreht und noch so wendet,
Die menschlich Schnackselei immer in der Verdrängung endet.
Nur nicht hier und grad nicht heut:
Seine eigene Natur muss der Mensch schon aushalten, liebe Leut!

Erhebung

Ein weiteres dunkles Thema, das man besser wohl verschon,
Fallen wir dennoch gleich damit ins Haus: Es ist die Erektion.
Sie scheint des Mannes Glück und auch sein Leid,
Denn sie kommt nicht immer ganz zur rechten Zeit.

In der Sauna oder gar beim FKK am Strand?
Da hilft nur bäuchlings drehen, selbst im heißen Sand.
Und merkwürdig scheint´s, dass eine Spezies, die alles weiß und kennt,
Das Natürlichste der Welt niemals beim Namen nennt.

Die selbstverständlichste Sache auf der schönen Welt?
Der Mensch greift zu und macht sie zu Geld.
Und wenn Stress und Ärger den ach so harten Manne mal heimsucht:
In der Triebabfuhr liegen Heil und ein Versuch der Flucht.

Ein heikles Thema ist´s fürwahr:
Das war´s schon immer – und bleibt´s wohl immerdar.
Fast wie eine Seuche, schlimmer noch als Gall und Gicht:
Denn wenn er wirklich einmal soll, der Mann – dann kann er nicht.

Namensschicksale

Über den Geschmack – so heißt´s – lässt sich wohl gut streiten,
Doch gilt das eher nicht für Geschmacklosigkeiten.
Ein besondres Thema sei deshalb hierbei angebracht:
Wenn der Mensch den Menschen macht.

Vornamen gäb´s heute viele, doch wir wählen meist die gleichen.
Von Hanna bis hin Leonie stellt man früh die nominellen Weichen.
Überhaupt, die Modenamen! Auch bei den Jungens findet man sie zu Hauf:
Von Timmi, über den guten alten Kevin bis hin zu Jonas nimmt das Namensschicksal hier seinen Lauf.

Von größerem Interesse sind jedoch die zweiten, die Familiennamen,
Weil stets sie unbeeinflusst waren.
Sie sind wahrlich variantenreich und interessant,
Von „Abazi“ bis „Zwicklbauer“ reicht die Palette in unserem Land.

Der ach so urbayerische „Mayer“ schreibt tatsächlich sich mit Ypsilon,
Ein „Detlef Dittenmarsch“ singt auch sein neuheimatlich Lied davon.
Einen „Trinkgeld“ gibt´s, den „Lump“ und eine „Frau von Haarem“,
Nun hoff ich, dass „Gottlieb und Teufel“ sich nicht auch noch paaren!

Doppelnamen

Jeder kennt sie, doch keiner weiß genau, woher sie kamen:
Wovon ich sprech? Von den berühmten Doppelnamen.
Sie gelten als hochmodern, mit ihnen kommt man ganz sicher weiter,
Sollen sie doch angeblich wirken wie Sprossen auf jeder Karriereleiter.

Ein Herr stellt sich als „Van Liebman-Dunkelhagen“ samt dotcom vor,
Dass ihm wer online schreibt, das glaubt allerdings nur der Tor:
Mail-Adressen, die nie dort ankommen, wo sie sollen;
Manchmal sieht´s fast aus, als würd jemand es auch so wollen!

Doch erst einmal zurück in die gute alte Zeit,
Als man galt als technisch noch nicht ganz soweit.
Bereits hier finden wir schon eine „Droste-Hülshoff“ samt Gedicht,
Aus „Von und zu“ wurd damals schon ein Doppelnamenstrich.

Vom Geiger-Müller-Zähler blieb einhundert Jahre später übrig nur der Geiger,
Nur ihn ehren wir beim Super-GAU für seinen Zeiger.
Nun gut: Die beiden warn nicht verheiratet, gewisslich;
Doch wenn ein Name wegfällt, ist´s für den Träger doch verdrießlich.

„Kronreif-Trunkenpolz-Mattighofen“ kürzt man besser ab als „KTM“,
Der Name Programm? Wehe, wenn!
Überhaupt: Welche Markennamen sind heut noch echt?
So manche Agentur meint´s gut und macht´s wiederum nicht recht.

Von „Krauss-Maffei“ über „Hanomag-Henschel“ hin zu „Liebscher-Bracht“,
Hat manch Doppelname seine Träger reich oder berühmt gemacht.
Ein Kasperski-Norton wär wohl das Beste gegen die Hacker,
Sogar im Fußball gab´s schon einen Jan-Ingwer Callsen-Bracker.

Das Namensrecht schob schließlich den Riegel vor und sagte Amen.
Als Maximum gelten deshalb heut „nur“ noch zwei ganze Namen.
Ein Nachname reicht aus, und was bin ich zum Beispiel darüber froh:
Bei mir passt keiner gut – vielleicht auch besser so!

Oder würden Sie ein Buch lesen, von „Heinze-Männchen“?
Erwerben von Firma „Scherbe-Ton“ das Kännchen?
Blind vertrauen dem Fräulein namens „Lotterlich-Wild“?
Was führt eigentlich ein Herr „Wein-Trinkler“ so im Schild?

Nicht immer klingt somit gut, was wirken soll – bloß,
Der Schuss geht ganz gern auch mal nach hinten los:
Selten findet man wohl einen Herren „Schlau-Mayer“,
Und vermutlich nicht viel öfter eine Frau „Preussen-Baier“.

Vom „Mehlstäubl-Becker“ kann man gewiss versuchen,
Die Semmel, das Brot und wohl auch den Konditor-Kuchen.
Dagegen „Jauche-Gruber“ klingt nicht nach großer Welt,
Eher nach der Begüllung von Nachbars Stoppelfeld.

„Hartz-Rolle“ klingt nach Milcherzeugnis gar sauer,
Was arbeitet eigentlich ein Herr „Hinkel-Bauer“?
Und auch für Frau „Sauer-Brei“ scheint der Lohn,
Eine eher alberne und doch irgendwie naheliegende Assoziation.

Was „Frömmel-Fruchtig“ bedeuten soll – das mag der Himmel ahnen;
Die Vermutung: Hauptsache, einen Doppelnamen.
Der Mr. „Geschwendtner-Johnston“ muss wohl ein Kosmopolit sein,
Woher? Wohin? Wozu? Das weiß nur er allein.

Damit lassen wir es sein bewenden, sagen Amen,
Es reicht jetzt wirklich mit den Doppelnamen.
Und was man damit wohl bezweckt.
Denn entscheidend ist, wer als Mensch dahinter steckt.

Haarig

Die Jungen selten so wie die Alten:
Und grad beim Kopfschmucke sich die Haare spalten.
Doch so mancher hier im Saal,
Hat schon längst nicht mehr die Qual der Wahl.

Kurz oder lang, strenger Scheitel oder Struwwelkopf,
Strähnchen, Extensions oder den Schnitt vom Topf.
Den Kopf geschoren, irokesig-kahl,
Wie Häuptling Seattle einst am Marterpfahl.

Gebleicht, gegelt, pomadig oder auftoupiert:
Um aufzufallen wird hoch zu Kopfe viel probiert.
Und mancher mit keck gefärbtem Schopf,
Stolziert durchs Lande wie ein Mensch gewordner Wiedehopf.

Grad als Warnung vor der Trägerin Gegiftel,
Gelten bei manch Frauen Bubikopf und Stiftel.
Viele Möglichkeiten gäb´ es wohl, und doch so mancher nur
Geht durch sein Leben mit der immergleichen, alten Frisur.

Und gegen Ende weiß ein jeder ganz genau:
Selbst wenn man noch so färbt, nach wächst es doch nur grau.
Was der Mensch mit seinem Kopfschmucke auch immer tut,
Im Zweifelsfalle gilt: Deckel drauf und außer Haus nur noch mit Hut!

Das erste graue Haar

Es lässt sich nicht mehr leugnen, wenn´s erst mal da:
Das erste silbergraue Haar.
Ganz am Anfang – ja, da kann man sie zählen noch.
Und vergeblich bleiben Schneiden, Rupfen oder Reißen doch.

Der Mensch, eigentlich noch jung und ohne Erben,
Sollt tatsächlich schon das Haar sich färben?
Doch was hat der Mensch nicht alles schon erfunden,
Um die Wahrheit kühn zu stunden?

Wenn´s schließlich nicht mehr hilft und scheint zu spät,
Er die Angelegenheit um huntertachtzig Grad verdreht.
Das, was grad noch große Sorgen hat gemacht,
Wird im Haarumdrehn gebrandmarkt und lauthals verlacht.

Weißkopfseeadler, Silberzwiebel und Graugänserich wird nun genannt,
Was man grad noch ganz schrecklich fand.
Und bevor in verzweifelter Schönheit wir fast sterben,
Lassen wir das Haupthaar einmal mehr doch einfach wieder färben.

Alle Wetter

Was macht müde Menschen munter?
Ein Tag Sonnenschein als Seelenretter,
Doch fällt der Druck gleich wieder steil hinunter:
Wir sprechen hier vom bösen Wetter.

Dieses Wetter! Hält sich nicht an seine Regel,
Das nie so kann, wie man´s grad will.
Man hisst als Seefahrer hoch die Segel
Und schon der Wind schläft ein ganz still.

Und grad das allerschönste Wetter zu früh endet.
Ob´s gut wird oder schlecht,
Wie sich´s auch dreht und wendet:
Niemandem scheint das Wetter recht.

FKK

FKK – eine Abkürzung wohlbekannt
Findet man vom Alpensaum bis rauf zur Waterkant.
Nicht immer ist dieser Kult besonders ästhetisch anzusehn,
Wohl scheint´s dabei um um etwas Anderes zu gehen.

Für **F**reie **K**örper **K**ultur diese Abkürzung angeblich steht,
Doch man wird das Gefühl nicht los, dass sich´s darum gar nicht dreht.
Jeder braucht eben so seine Sonderheiten und manche Ticks.
Oder heißt´s ausgeschrieben gar: **F**ür diesen **K**örper **K**ann ich nix?

Von Kunz bis Hinz man sich Adams Badehose gerne schnappt,
Sogar Kowalke hätt man angeblich dabei schon mal ertappt.
Auch Fräulein Lehrerin diesem Körperkult etwas abgewinnen kann,
Ihre Schüler freuts´s – sie posten´s gleich auf Instagram.

Mit Ferngläsern und Kamera beharnischt Spalier die Spanner stehn,
Hinterm Busch schon virtuell Propeller drehn.
In sicherer Entfernung, dick eingekleidet, von der Hitze wohl geplagt,
Bestens getarnt – des einen Freud, des andren Jagd.

Der Spießer tut pikiert und schaut doch verstohlen-heimlich hin.
Doch nicht jeder Blick ist dabei ein Großgewinn:
Von wegen junge Fräuleins im Eva-Kostüme auf der Decke;
Denn tatsächlich sind´s nur alte S...

...Senioren, mehrheitlich zu erspähern,
Eigentlich sinnlos, sich hier überhaupt noch anzunähern.
Junge Blüten sucht man dabei doch nur vergebens,
Hier am Vorfriedhof des nackten Lebens!

Also wirklich und einmal zur Gänze ehrlich:
Um die Ästhetik bestellt ist´s hier gar spärlich.
Ich glaub, der Mensch bekleidet vom Kopfe bis zum kleinen Zeh,
Ist doch die bessere Idee!

Das Kreuze mit dem Kreuz

Einen Menschen, der es hat tief im Rücken,
Kann man mit guten Worten kaum beglücken.
Wohl ist dieser Schmerze gut zu lokalisieren,
Und doch lässt er sich nicht so einfach therapieren.

Der Leidende stakst und steht meist wie gefroren steif,
Verdreht von Kopf bis Fuß, von Arsch bis Schweif.
Zum Davonlaufen find er´s – nein, mit sich ist er grad nicht im Reinen.
Wär´s nicht so ärgerlich, er könnt glatt weinen.

Und vorbei ist es erst mit der Geduld,
Wenn grad keiner da, der für ihn Schuld.
Ebenso hilft keines der vielen Mittel,
Die verschreibt der Mann im weißen Kittel.

Man muss wohl oder übel damit leben:
Ein einzger Fluch und so gar kein Segen!
Ein völkisch Leid, und keinen freut´s:
Das ewige Kreuze mit dem Kreuz.

(S)Teuer

Der Staat – gemäß Friedrich Nietzsche das größte aller Ungeheuer –
Lebt, leibt und labt sich frank und frei an seiner Bürger Steuer.
Abgaben sind´s, ohne Gegenleistung und doch wohl eine hohe Pflicht,
Für alle Menschenkind: ob mit anmutiger Visage oder verschrobenem Gesicht.

Im dreizehnten Jahrhundert kam man auf diese fiskale Neuigkeit,
Seitdem wird geschönt, betrogen, hinterzogen – quer durch Jahrhunderte und Zeit.
Wir Bürger runden lieber auf, der Staat hingegen wertet ab,
Man setzt so gut wie alles an, kalkuliert dabei nicht zu knapp!

Der Schneider braucht zum Leben Garn und Faden wohl,
Und der Schuster gewiss so manche Ledersohl.
Doch ob der Maler wirklich Gold- und Silberstaub verwendet?
Im Formular steht´s drin – dazu wird plötzlich viel gespendet!

Steuern zahlt man heute für fast alles, nicht nur für den Lohn;
Mancher empfindet´s glatt als bürokratisch Wucher und als Hohn.
Notopfer, Soli und Corona-Abgabe machen landauf, landab die Runde,
Tabak- und Schaumweinsteuer, man blecht sogar für seine Hunde.

Und das, was man für uns Bürger alle hat staatlich festgesetzt,
Lässt niemanden los bis ganz zuletzt:
Denn gewiss am End die Erbschaftssteuer droht,
Nein, selbst er zahlt sich bald nicht mehr aus: der (s)teuere Tod!

Verkohlt

Vom Aal Hausmeisterart über Damhirschnackensteak bis zum (politisch inkorrekten!) Zigeunerspieß rosé
Findet man heut so ziemlich alles am Gartengrill-Buffet.
Der Eine braucht sein Grillgut medium-gebeizt,
Der Nächste liebt´s verschmort bis halb-verheizt.

Ziemlich viele bevorzugen´s mittlerweile eher weich,
Denn das Soja-Pflänzchen bleibt meist blass und eher bleich.
Publizistisch korrekt ist´s nicht immer, so als Vegetarier,
Es gab hierzulande schließlich schon mal einen solchen Veget-Arier.

So richtig politisch wird´s meist aber erst zu später Stund,
In aller Regel beginnt jedes Grillgespräch mit dem ledernen Rund.
Überhaupt – hier dominieren noch ganz archaisch die Männerthemen:
Der Mann am Grill lässt den Grill im Manne sich doch nicht nehmen!

Geheizt und geröstet wird, auf dass uns bald der Teufel holt,
Befeuert, begossen und nicht selten auch mal verkohlt.
Im Prinzip darf dabei jeder so, wie er grad will,
Von Ananaskebab bis Sardellenbutter-Entrecote liegt heut so ziemlich alles auf dem Grill.

Und in der Luft plötzlich ein stickiger Gestank wie nach schlecht verbrannter Kohle,
Die Auflösung: Aus frechem Jux grillt ein Nachbar hinter Thujenhecken eine Turnschuhsohle.
Besser man atmet heute nicht zu tief,
Denn schier überall riecht´s nach kleinbürgerlichem Mief.

Zum Beispiel nach Schweinelendchen an Thymian gerebelt,
Mit Knoblauchschwaden wird man von allen Seiten heut geknebelt.
Einen Jägerzaum weiter gibt´s gar derb-deftig Hausmannskost:
Beef und Pork schmoren hier braun-schwarz am Rost.

Hammelfeischbällchen auf echt kurländische Art,
Veggie-Bacon und Lupinenmedaillons: lind und zart.
Beim nächsten Nachbarn gut bürgerlich: der Kabeljau,
Und ein paar Eigenheime weiter grillt tatsächlich eine Frau!

T-Bone-Hanfstingel an Pistanziencurry hinterindisch,
Nur hier darf man´s noch sein: ein wenig zwanghaft-kindisch.
Und bei den biedren Meiers ist er wohl sehr gut geraten:
Der kaukasisch Pfeffer-Nierenbraten.

Am Vereinsheim grillt Konservenwurst die Nachwuchsjugend,
Nackte Wiener Würstchen sind hier das Höchste schon an Tugend.
Herr Fencheis kann das keineswegs verstehn,
Bei ihm muss alles bestens durchorganisiert geschehn.

Millimetergenau wird der Fisch hier filetiert,
Mit abgewogenem Schladerbrand auf den Zentiliter genau flambiert.
Dagegen am Flussstrand, dort sitzen schier wahre Ungeheuer,
Grillen Marshmallows: ganz ohne Rost, nur über offnem Feuer.

Bei den feinen Clementes man wartet auf den Spatchercock,
Derweil, gen Spätabend, genehmigt Thierse sich einen Grog.
Überhaupt gibt´s am Rost so manch lustigen Verein,
Nur nicht bei Kowalke: er grillt stets für sich allein.

Bei Koflers aus der Steiermark serviert auf alpenländisch Holzbrette,
Derweil Frau Meinrath gähnt, krächzend laut und drängt zu Bette.
Ihr Gatte – Beamter von Berufe – ganz bestimmt,
Entfacht nochmal das Feuer, bevor die letzte Glut verglimmt.

Und bei Weidners ist man schon wieder Mal so weit:
Sie grölen lauthals aus der guten, bösen, alten, braunen Zeit.
Doch dann wird´s stiller und allmählich leis,
Nun verstummen langsam Diskussion und liedhafte Weis´.

Die Sportheimjugend macht den Brechbohnen wortwörtlich alle Ehre,
Nebenan übt sich ein spontanes Pärchen heimlich im Verkehre.
Dann, so langsam kurz nach Mitternacht,
Gehen die Feuer aus, es ist vollbracht.

Während Leitgeb vorsichtig die Kohlenreste mit Wasser besprinkelt,
Wird am Sportheim kollektiv das Feuer ausge...
Ausgeblasen, jawohl, so muss es sein!
Dann geht auch noch der letzte Griller heim.

Zwangsspeisung

Mit zartem, engagiertem Charme,
Hält die junge Frau das feine Essen warm.
Geübt in der Küche Allerlei,
Doch heut kommt auf den Tisch: ein ganz profaner Brei.

Artischockenmus – es käm wohl von Mutters Herzen,
Doch verursacht es dem Kinde beim Verdauen große Schmerzen.
Drum kaum wird die Speise heiß serviert,
Dem Jungen sich der Hals zuschnürt.

„Bloß nicht davon essen, nur weit weg!“,
Doch die harte Hand greift zum Besteck,
Die Mutter führt den Löffel an den Kindermund,
Nur noch Zentimeter bis zum Schlund.

Grün-braune Soße auf Hemd und Hose tropft,
Während zäher Brei die schmal gestellte Kehle stopft.
Noch ist nichts hinuntergeschluckt,
Das meiste davon wird gar ausgespuckt.

Weit genug hinten nimmt´s der Gaumen schließlich von allein,
Der Ekel geht wohl bis in Mark und Bein.
Doch kaum ist´s unten tief im Magen,
Verstummen schnell die lauten Klagen.

Gleich noch ein Bissen hinter die Binde,
Auf dass der Löffel fast verschwinde.
Schon ist der Hunger voll entfacht,
Das Kauwerk wie von selbst die Arbeit macht.

Der gute Junge isst den ganzen Teller leer,
Schaut ins Rund: Gibt´s vielleicht noch mehr?
Auch der Löffel blitzeblank wird abgeleckt,
Denn Mutter hat etwas für ihn versteckt.

Was war wohl der Trick dabei?
Zur Belohnung für den eklen Brei
Gibt es süßen Pudding – darauf er pocht.
Und die Moral? Nichts wird so heiß gegessen wie gekocht!

Der Terrourist

Nichts auf der Welt verändert den Menschen so wie das Reisen in die Welt.

Anhand der Überschrift weiß man, um wen sich´s handelt, wer er ist:
Ein ubiquitär-pankontinental auftretender Terrourist.
Der an Prunkportal wie Siegessäule ahnungslos die Augen weidet,
Tritt auf ganz casual und stets im Schlabberlook gekleidet.

Stolziert durch die Krypta in Trainingshose grad wie zum Fleiß,
In der Hand stets ein tropfend Tütchen Eis.
Der Ästhet leidet daran wohl seine hundert Qualen,
Wenn durch das Domportal wird geschlurft in halboffnen Sandalen.

Und zurück beim Continental Breakfast im Grand Hotel,
Packt der Terrourist die Manteltaschen so voll wie schnell.
Am Strand liegt er und vergeht wie ein Mehlwurm in der Sonne,
Dort, wo sich fläzt der Spargeltarzan nebst dickster Tonne.

Man findet sie alle, diese fremdfahrenden Irrelichter:
Mallorquinische, nordic by nature Weißwurstgesichter.
Diese pauschal reisende Menschheit tobt sich aus im fremden Lande:
Irgendwie ist´s doch immer wieder dieselbe Bande.

Allzu groß der Unterschied wohl bald nicht mehr ist:
Zwischen Tourist und Terrorist!
Denn beide haben nicht gerade viel Moral,
Und ihr Ziel scheint stets der Einheimischen Qual.

Seifenblasen

Sie schweben durch die stille Luft, zerplatzen auf dem Rasen.
Seifenblasen.

Hoch zu ihnen reckt man am hellen Frühlingstag die blassen Nasen.
Seifenblasen.

Wie Pusteblumen kommen sie aus Plastikvasen.
Seifenblasen.

Sie schweben über Feld und Flur, vorbei an Igel, Fuchs und Hasen.
Seifenblasen.

Die Verwandtschaft freuen sie samt Onkel, Cousin und Basen.
Seifenblasen.

Als Kinderfang lobt man sie meist über alle Maßen.
Seifenblasen.

Der Nachwuchs will die Kugeln haschen, greifen, pflücken.
Doch nie gelingt´s – so sehr sie auch drauf drücken!

Luftballonwettflug

Man merkt gleich nach dem Start:
Der erste Ballon tut sich mit dem Fliegen eher hart.
Kindermünder rufen: „Der ist doch viel zu schwer!
Weit fliegt er bestimmt nicht mehr.“

Nur knapp vorbei am Rosenstrauch,
Mit Müh und Not: Die Dornenhecke schafft er auch;
Gleich fliegt er zum Tannenbaum.
Dort zerplatzt er – aus der Traum.

Gen Westen trägt den nächsten Ballon ein gewaltiger Sturm,
Schnell steigt er hoch zum Fernsehturm.
Zu sich spricht der Ballon: „Was soll ich so ganz allein hier oben?“
Sieht unten Menschen lärmen, lachen, toben.

„Jetzt lande ich beim Fußballspiel!“
Die Menge ruft: „Ein Ball zu viel!“
Ein Spieler trifft den Luftball, er fliegt ins Tor.
„Mitten ins Netz!“, ruft man begeistert-laut im Chor.

Gleich nach dem Start ein starker Wind
Hebt Ballon Nummer drei empor geschwind.
Nach Süden über Felder, Wiesen, Seen –
Kann man ihn freudig fliegen sehn.

Kein Stau auf der Autobahn hält ihn noch auf,
Hoch über Berg und Tal nimmt er einen sichren Lauf.
Erst weit im Süden wird die gasbefüllte Blase langsam leer,
Und landet weit draußen, auf dem großen Meer.

Der vierte Ballon, seines Zeichens getüncht ganz in die Farbe weiß,
Sich besonders zu inszenieren weiß.
Wie eine Rakete rast er beim Start vom Boden,
Überholt einen Hubschrauber – nur ganz knapp – etwas weiter oben.

Auch im Flugzeug fragt man sich: „Was war denn das?
Ein UFO vielleicht?" Der Pilot wird blass.
Weiter aufwärts geht´s – dorthin, wo keiner wohnt.
Unser Ballon landet ganz allein auf dem Mond.

Ballon Nummer fünf zieht es in die Natur.
Er erfreut sich gern an Feldern, Wies und Flur.
Nach Osten geht´s zum Böhmerwald:
Auf den Bergen Schnee, der Wind weht kalt.

Doch knapp überm Dickicht ist zeitig schon die Reise aus,
Ein kurzes „Pffft!" – und die ganze Luft ist raus.
Der Ballon freut sich: „Unbemerkt konnt ich verschwinden."
Doch wer soll nun die Botschaft auf seinem Zettel finden?

Die Lehrprobe

Es weiß kein Streber, was er strebt.[2]

Punkt sechs Uhr morgens trifft das schicke Fräulein ein.
Will keinesfalls die Letzte sein.
Legt Hefte, Rotstift und Arbeitsblatt akkurat bereit,
Denn um acht Uhr ist es schon soweit.

Sie reicht dem Gremium die feuchte Hand zum Gruß –
Das sogleich sich setzen muss.
Frau Lehrerin nimmt den Unterrichtsverlauf zur Hand,
Stellt sich selbst nie ins Zentrum, bleibt stets am Rand.

Sie zuckt mit den Schultern, zeigt mit dem Stab;
Doch ihr Stundenziel niemand zu finden mag.
Nach fünf Minuten wird´s ihr doch zu dumm,
Dreht die Lösungskarten selber um.

Zur Strafe wird nun wiederholt und repetiert,
Auf dass auch der Letzte noch die Lust verliert.
Die Mitarbeit bleibt zäh, kein Kind macht einen Finger krumm:
„So bringen wir die Stunde niemals rum!“

Am Stoff liegt´s nicht, er ist zwar schwer,
Doch diesen Inhalt gibt der Lehrplan her.
Dann bei stiller Arbeit ein Zögling laut auflacht;
Der Störenfried ward sogleich zur Schneck gemacht.

Sozialformen, bunte Medien, sogar bewegte Bilder –
Doch die Kinder werden immer wilder.

Und bevor die Lehrkraft setzt an zum infernalischen Schrei,
Eilt noch schnell ihr Ausbilder herbei.

Nach sechzig Minuten Lernen nicht zu knapp,
Bricht man die Vorführung endlich ab.
Zieht zur Beratung sich zurück,
Die Pädagogin hofft dabei auf Gottes Glück.

Das Urteil wird eröffnet, man gratuliert formell.
Die Kommission verlässt das Hause schnell.
Frau Lehrerin noch zitternd denkt und setzt sich nieder:
„Diese Stunde halt ich nie wieder!“

Epilog:
Und nun zu Euch Lehrern, allen:
Tut Euren Schülern täglich den Gefallen:
Nehmt sie in, nicht auf den Arm,
In erster Linie seid erziehlich wirksam!
Nicht immer nur des Staates treuer Knecht,
Manchmal hat sogar der Mensch noch Recht!

Menschlicher Umgang

Selten ist´s geworden, dass wir uns richtig sehen,
Stattdessen den Mitmenschen aus dem Wege gehen.
Doch menschlich zu werden? Das Natürlichste von Welt!
Im Gegensatz zu Aufstieg, Ruhm und Jagd nach großem Geld!

Und wie sich hierzulande sogar die Außenseiter hassen,
Gegeneinander ausspielen und sich aufwiegeln lassen.
Rachsüchtig geworden, weil zu kurz gekommen
Und stets im Glauben, man hätt sie alle ausgenommen.

Dass man heute einsam werden muss, woran mag´s nur liegen?
Vielleicht, dass so viele Menschen führen ihre Leben wie die Fliegen;
Die unentwegt anrennen gegen dick verglaste Fensterscheiben
Und doch immer auf der falschen Seite bleiben.

Sie sehen wohl die Freiheit auf der anderen Seite,
Doch fehlt ihrem Denken dafür die Weite,
Sich aufzumachen und einen eignen Weg zu gehen,
Stattdessen bleibt, wo es ist, ein kleines Dasein lebenslänglich stehen.

Ernstes: Von der Wiege bis zur Bahre

Kinderfrieden

Zu Grabe trug ich Dich – ohne Wiederkehr
Kindersärge sind nicht schwer.

Noch bist Du nicht von mir gegangen,
Obwohl vom Tode schon umfangen.
Über Deine Lippen kommt kein Wehen mehr, noch Klagen,
Nur stumme Blicke, die unausgesprochen alles sagen.

Aus vier Augen werden zwei,
Leib und Leben – alles wird nun einerlei.
Der angebrochene Tag bald nicht mehr Dein,
Diese frühe Stunde wird die letzte sein.

Warst Du je richtig bei uns angekommen?
Kaum erst hier, hat man Dich schon wieder fortgenommen.
Du hast uns besucht, beglückt, beehrt;
Wurdest früh weise, wir werden höchstens noch gelehrt.

Der Jenseitige packt entschlossen zu und bleibt dabei doch sanft.
Nein, von Dir verlangt man keinen letzten Kampf.
Er ist nicht grob, macht´s sicher ganz geschwind,
Schließlich weiß selbst er: Du stirbst als Kind.

Der frühe Tod zerreißt unser irdisch zartes Band.
Ich halt´ dennoch weiter Deine sterbend´ Hand.
Die längste Zeit hab ich versucht, Dich zu halten und zu fassen,
Doch wenn das Leben weicht, man muss es lassen.

Bald wird's Frühling werden, hier auf der Welt,
Der aller Trauer spottet, weil nur das Leben zählt.
Für Dich allein werd´ ich hier weitergehen;
Versprech´ Dir hoch und heilig, ich bleib nicht länger stehen!

Ein leiser Windstoß durch das stille Haus
Löscht Dein flackernd Lebenslicht wie mit einem Hauche aus.
Du siehst mich an wie aus der Ferne
Und der Himmel gewinnt wohl einen neuen Sterne.

Der Atem weicht und die Fesseln falln zu Tale
Und nur noch kalt-eisig Schweigen weilt im leeren Saale,
Mir stockt der Atem, Dir das Herz
Vereint stehn wir allein im Schmerz.

Gelöst die Lebensfessel, kleine Faust gibt nach, wird langsam weich;
Dein Gesicht nun stumm und starr, schon wie totenbleich.
Du wirst uns weder lachen noch jemals bitter weinen –
Nur ganz fern die leise Hoffnung – einmal wird mein Tod uns einen.

Deine zarten Augen machst Du nimmer auf,
Das Schicksal sprach, nahm seinen unausweichlich´ Lauf.
Aus Deinem kurzen Leben bist Du nun verschieden.
Und auf Deinem Gesicht erkenn ich ihn erst jetzt – den Kinderfrieden.

Keine Antwort

Faul der Geruch von Atem.
Die Beine aufgeschwemmt,
Mit kaltem Blick, sie warten:
Ihre Namen niemand kennt.

Ungetaufte Plasmabuchten,
Formlos – fast nur ein Gesicht.
Schwerer Gang und falsche Seide,
Ein Schatten nur ihr Licht.

Matt schimmert bleicher Asphalt im Dämmerschein.
Versunken im Dunst ein Laternenmast,
Wenn stille Dämmerung sich mit der Nacht vereint.
Die Plätze leer und frei von Hast.

Speckiger Stein nebst kalten Mauern,
Dazwischen nur ein schmaler Spalt.
Geduckt im Kellerloch die Ratten kauern.
Der Tag nicht jung, die Nacht wird kalt.

Selten nur ein warmer Hauch
Von Frühling in den feuchten Gassen.
Stumm stehn sie dort zum Gebrauch
Bis einer es nicht kann lassen.
Der Soldaten Sold,
Des Bergmanns karger Lohn,
Priester und die Opferspende:
Die Nacht des Tages Hohn.

Atem strömt schwer über zarte Wangen,
Verbreitet kaum Wärme, nur Verlangen.
Mild und milchig erscheint die warme Haut;
Wie von kalter Starre aufgetaut.
Salzig dort, wo Tränen flossen
Und einst zierten Sommersprossen.

Nicht rauh, nicht glatt,
Nicht weich, nicht hart.
Kein Glanz, nur matt,
Nicht jung, nicht zart.
Nicht gelb, nicht weiß,
Nicht feucht, doch heiß.

Zu kurz, zu wenig, um sich daran zu lehnen.
Zurück bleiben unerfüllt: Hoffnung, Sucht und Sehnen.
Nach Liebe streckt man sich ungedankt:
Wie eine Rose, die verlorn ins Leere rankt.

Vereint bloß für Momente,
Zusammen nur im Schein.
Kerzenlicht und kahle Wände:
Fort geht man allein.

Vorbei am Fluss, der plätschernd singt.
Stumm und still beginnt der neue Tag,
Wo leerer Begierde eitle Knospe springt.
Keine Antwort, nur gefragt.

Ohne Wiederkehr

Man kann sie nicht wiedererlangen,
Menschen die von uns gegangen.
Und auch nicht mehr wiederbringen,
Menschen, die weder sprechen noch mehr singen.

Erwachsene, die wie stumm meist schweigen,
Wie verholzt ihr Grün am Spitz von Zweigen.
Verbohrt, verbiedert und verstockt,
Wer stumpfsinnig die Zeit abhockt.

Bis plötzlich Blut heiß durch die Venen schießt,
Und das Herze krampfhaft schließt.
Einmal gewagt und nicht gewonnen,
Zu spät gespielt – der Tod wie Blut geronnen.

Gefallene Welten

Wenn die Schatten länger fallen,
In wilden Wogen Stürme wütend wallen.

Unsere Uhr bleibt einmal nur ganz und gar stehen,
Und all Leben: ein kurzes Schlendern und Vorübergehen.

Im Tod nach schwerer Krankheit mag Trost wohl liegen,
Wenn die letzten Kräfte stumm versiegen.

Noch einmal in Deinen Augen glüht des Lebens froher Glanz,
Ein letzter Atemschlag und ein Röcheln, dann vergehst Du ganz.

Ein finales Mal schaust Du groß das Wunder an:
Das wilde Leben – bis Du es aushauchst dann.

Und als ob der Schein auch manchmal trüge,
Das letzte, was auf Deinen Lippen stirbt, es ist die Lüge.

Auf Erden vermochtest Du zu gelten.
Und nun? Gefallene Welten.

Gott

Grimmig, zornig, mächtig
Und ein bärtiges Gesicht.
Ich weiß Dich nur,
Doch Du kennst mich.

Mein Tun, mein Lassen, all mein Sein,
Und trotzdem bin ich selbst – und nicht Dein.
Dennoch – so heißt es – werd ich von Dir geliebt;
Mein lieber Gott, wenn es Dich gibt!

Du, der unsere Leibeskörper marterst, still
Auf dass ein jeder zu Dir kommen will.
Nein, mein Gott, ich bleib noch gerne hier.
Gestohlen bleiben kann Dein Reiche mir!

Religion

Aschenwüste, die Luft nur Staub;
Kein Leben mehr, wo man geglaubt.

Jahrtausende Euch aufgezehrt,
Gequält, gejagt und stets belehrt.

Gepredigt der Menschheit Wohlgefallen,
Tief ins Fleisch geschärfte Krallen.

Tagein, tagaus mein Wort verbreitet.
Damit im Krieg Ihr um mich streitet.

Geängstigt, getrieben und unterjocht,
Ohne Flamme glimmt stumm mein Docht.

Ich selbst ließ Satan leben und gedeihn,
Von Euch benutzt, mir zu verzeihn.

Mich zu erreichen war Euer Lebenssinn.
Nun steht Ihr dort, wo ich nicht bin.

Wie man mich nennt, Ihr ahnt es schon:
Werkzeug Gottes – Religion.

Der Schnitter

So sicher wie nach einem heißen Sommertage das Gewitter
Lauert auch er am End auf uns: der Schnitter.
Wie aus heitrem Himmel ein geladner Zacken
Packt uns Gevatter Tod von hinten fest beim Nacken.

Ob in finstrer Nacht oder dem gleißend hellen Licht,
Er mordet stumm, man sieht und hört ihn nicht.
Hat er Dich als Nächsten auserwählt?
Du ahnst es nicht, doch Deine Tage sind gezählt.

Vernahmst Du nicht still und ganz bei Dir eine weise Warnung?
Des nahend Todes leise Ahnung?
Dein Wachtrieb schien wohl zu verholzt, Du ließest ihn absterben.
Rennst nun blinden Auges zu früh hinein – tief ins Verderben.

Dir wird kälter als jemals zuvor in Deinem Leben,
Dein Leib erzittert kalt in stummem Beben.
Im klammen Herze wird Dir Angst und Bang:
Zwischen Erd und Himmel doch ein Zusammenhang?

Zu spät – er hat Dich erwählt und tief getroffen,
Kein Spielraum steht Dir jetzt noch offen.
Du warst von Welt, hattest Erfolg und einst so große Gier.
Mensch, besinn dich – bald bist Du nicht mehr hier!

Man sagt sich immerhin, Du wärst jetzt frei,
Doch in Wahrheit bist Du nur nicht mehr dabei.
Siehst nicht länger des Frühlings hellen Glanz und goldnen Schein;
Unsere Welt ist schlichtweg nicht mehr Dein.

Im Tod kein Leben, im Leben kein Sterben –
Alles war und wird eitel sein nur Verderben.
Und noch immer färbt der Himmel jeden Abend rot:
Nicht mehr für Dich – Du bist schon lange tot.

Verlorener Freund

Ein ehemaliger Weggefährte ist verstorben – so steht´s zu lesen.
Kurz hofft man doch, ein anderer wär´s vielleicht gewesen.
Gewiss: sein Name prangt groß in der Zeitung drin,
Doch was gibt es heut nicht alles ohne Sinn!

Die Wahrheit aber macht schnell klar,
Dass er´s wohl doch gewesen war.
Derselbe Jahrgang; viel zu früh gestorben:
Was war eigentlich aus ihm geworden?

Wohl hatte er lieb Frau und Kind –
Recht viel mehr man nicht zu lesen find.
Er kam auch vorwärts, doch innerlich fiel zurück;
Hatte schlichtweg kein besondres Glück!

Den Verstorbnen kenn ich seit Dekaden,
Samt all seiner Fehler, Erfolge und Eskapaden.
Weit zurück geht die Erinnerung, wie´s früher wohl so bei ihm war,
Zur Schulzeit war er gar mein Banknachbar.

Aus seiner Kindheit wenige Quellen sind heut noch erhalten,
Zur Jugend erst konnt der Junge langsam sich entfalten.

Die Pubertät brachte jeder auf seine Art für sich herum,
Dann folgten Schulabschluss und Studium.

Mancher merkte wohl, der Kerl wär durchaus gewandt,
Die meisten aber haben Dich bis heut verkannt.
Niemand an Deiner Seite, der stand zu und hinter Dir,
Verschlossen blieb Dir deshalb jede große Tür.

Manchmal scheint es wie vom Teufel selbst erdacht –
Und doch bleibt alles von Menschenhand gemacht.
Wie der Bürger hier lebt und wie er leibt,
Was er privatim so heimlich treibt.

Gemeinsam zogen wir manch steilen Berg hinauf,
Zu Ende nun Dein Lebenslauf.
Heut feiern wir Dich noch frei Haus,
Mit Ave Maria beim Leichenschmaus.

Der Tod scheint wohl des Lebens raue Realität,
Doch wünscht man ihn im Leben erst sehr spät.
Und wenn´s einen doch früh schon treffen muss:
Lieber ihn als mich – so der wenig feine Schluss.

Kurioses und Sonderbares

Merkwürdigkeiten

Über manches Ding ließe sich wohl durchaus streiten,
Ganz besonders aber über unsere Merkwürdigkeiten.
Denn das, was dem Einen völlig sonderbar,
Hält der andere schlichtweg für gut und wahr.

Der Nächste weiß dank Netz gleich noch viel mehr,
Ein Weiterer erst recht, er denkt grundsätzlich nur noch quer.
Ein Anderer wiederum hält´s dogmatisch und selbstgerecht mit Goethen,
Edel sei der Mensch – gewiss, aber doch nicht, wenn ständig er in Nöten!

Ein Anderer wiederum kommt gar aus Absurdistan,
Um dann weiter nach Nebukadnezar in die Irr zu fahrn.
Trägt Lapislapulis schwer geschultert im Gepäck,
Irgendwann, das weiß er ganz genau, macht zum Golde er den Dreck.

Und noch Einer, der heut die Welt ganz genau versteht,
Fühlt sich als zur Weisheit Berufener und gar als Prophet.
Zeigt mit dem Finger, er deutet und wild gestikuliert –
Und hat doch nicht wirklich viel kapiert.

Ein Letzter noch, ich glaub, dann reicht´s uns mit solchen Störern:
Er gesellt sich zu den Weltverschwörern.
Drum sagen wir´s jetzt lieber nur ganz leis:
Von ihnen allen doch keiner so recht was weiß.

Lebensläufe

Viel Kurioses, Katastrophales und Ungewöhnliches soll es ja geben,
Das der Mensch so erlebt, in seinem langen, kurzen Leben.
Nicht unbedingt Vulkanausbruch oder Erdbeben muss es sein,
So was gäb höchstens noch die Würze im Lebenslauf-Latein.

Sein Haus kann der Manne in einem Leben wohl erbauen,
Sich regieren lassen von fünf Kanzlern, inzwischen sogar Frauen.
So manche Erfindung, vielleicht den ersten Menschenklon.
Dreimal Börsensturz, zweimal Großkonzernpleite und einmal Inflation.

So erleben wir manches, das wir nicht so recht verstehn,
Auch kommt´s vor, dass sie uns das Wort im Mund verdrehn.
Weltrekorde erst, dann mit Doping die Skandale,
Und jedes Jahr – wie gehabt – die deutsche Meisterschale.

So manches Leid und wohl auch manchen Sieg,
Wer´s ganz schlecht erwischt, zieht in den Krieg.
Was noch alles? Kinder, Enkel, mit viel Glück sogar als Ur-,
Geheime Sehnsüchte, vielleicht ausgelebt mit einer Hur.

Weltausstellung, Fabrikabriss und der Jahrhundertbau,
Brückenschlag, Fassadensturz und sogar ein Super-GAU.
Einmal im Leben der große Papst zu Besuch im eignen Land
Und jedes Jahrzehnt ein neuer Hochwasserstand.

Normalerweise einen Schulabschluss, vielleicht ein Orden am Revers,
Eintausend Lottescheine: stets umsonst, das aber mit Gewähr!
Und Einer verkündet gar stolz: „Und geht´s hierzulande gut wie nie!“
Da kommt sie schon ums Eck, die nächste Pandemie.

Klein wie groß

Auf dem Dachboden lag er: ein einzelner Kinderschuh;
Vom alten Schrank wird er wohl gefallen sein.
Versetzt mich weit in die Vergangenheit zurück im Nu.
Mein Gott, wie waren meine Füße damals klein!

Und ich wühl mich durch die ganzen Sachen,
Finde Bausteine, Klötze, Lastwägen und Spielmobil.
Alles, was einst sorgte für zartes Kinderlachen.
Zu guter Letzt noch ein abgenutztes Kartenspiel.

Ich misch den Stapel und ziehe, ganz mit alter List;
Und schau dabei, wie früher, vorsichtig umher im Raum.
Doch die gezogene Karte, wie meist sie eine Niete ist:
Aus und vorbei der kurze Kindertraum.

Farbenlehre

Johann Wolfgang von Goethe erweisen wir gerne die Ehre
Ihn zu nennen den Vater aller Farbenlehre.
Doch auch Isaak Newton hatte einst schon entdeckt,
Dass im Weiß durchaus viel Farbe steckt.

Mehr gäb´s dabei zu sehn als unser Auge nur bewegt,
Die Spektroskopie als Wissenschaft hat alles genauestens belegt.
Zudem gibt´s spektral-elektromagnetische Wellen,
Die wir Menschlein uns nicht einmal wollen vorstellen.

Ob nun Stäbchen- oder Zäpfchensehen,
Das meiste werden wir gewöhnlich Menschen kaum verstehen.
Verwechselt werden auch gern Grün und Rot.
Besonders im Verkehr – auch ganz ohne farbblinde Not!

Doch trotz aller Farbenphilie wird unser Denken selten hell,
Es zieht vorbei an uns – meist sogar viel zu schnell.
Und obwohl Kaleidoskope zur Betrachtung stehen,
Lassen wir sie links liegen, unbesehen.

Statt der inneren Farbenfülle,
Genügt uns meist die äußre Hülle.
Wir streben lieber nach Reichtum, Aufstieg, Karriere, Macht.
Drum bleibt´s auf Erden farblich dunkel und schier ewge Nacht.

Bildungsgeschichte

Die alten Griechen wussten schon ganz gut, worum es in der Bildung gehen muss,
Mit Scheinwissen und Halbbildung machten Socrates wie Plato schon frühzeitlich Schluss.
Körper und Geist – eins geht nicht ohne das andere,
Auf dass der Mensch auf Tugendpfaden wandle.

Die Artes Liberales entwickelte man zu Aristoteles Zeit,
Sie strahlten hinein ins Römerreich: tief und weit!
Grammatik- und Rhetorikschulen, die Humanitas als Bildungsideal,
Bald zum Schafott geführt – von Völkerwanderung bis Rittersaal.

Nicht viel zu berichten über diese Zeit gibt's allzu Gutes:
Was damals zählte, war der hohe Mann des niedren Mutes.
Klosterschulen zuerst, später Schreibschulen das Bürgertum erfand,
So bildete sich allmählich das neue Abendland.

Dass es außer Beten noch Wichtigeres zu lernen gab im Leben,
Diese Erkenntnis erstmals mit Luther hat´s gegeben.
Schulen fürs Volk und bald sogar als Pflicht,
Statt Latein nun sogar die Muttersprach im Unterricht!

Mit Comenius, Francke, Locke und Rousseau folgte weitere Erbauung.
Von Humboldt über Pestalozzi gelangte man hin zur Anschauung.
Nicht vergessen wollen wir Herbart, Fröbel, Dilthey und auch Ziller.
Erst mit der Industrialisierung wurd es bildungsmäßig wieder stiller.

Die Moral kam schließlich zurück wieder mit der Reform-
Pädagogik: vom und für das Kinde, das war die neue Norm!
Diese wiederum kam abrupt zum stillen Stand,
Als pflügte hier die braune Brut durchs Land.

Die Länder sollten im Neuanfang wieder einmal gerade richten,
Was war schief geworden und gefallen – mitnichten!
Erst mit der Tatkraft der Achtundsechziger-Generation,
Zog wieder Bildung ein ins Land, man stieß tausend Jahre Reich endlich vom Thron.

So glaubte man es wenigstens zu wissen,
Doch ein halbes Jahrhundert später ward auch dieser Traum zerschlissen.
Heute heißt es: Bildung? Nur noch digital!
Kein besonders weises Zeichen, dieses Menetekel und Fanal.

Irren ist unmenschlich

Irren sei menschlich – so sagt man gemeinhin.
Und doch hatte mancher Irrweg später seinen Sinn.
Modern ist sie heut wieder geworden – die Verschwörungstheorie.
Sogar der Allesleugner steht hoch im Kurs wie nie.

Das Irren scheint zu sein des Menschen Zier.
Dabei ist´s gar nicht einmal ganz so neu, man glaube mir:
Zum Beispiel den Eid des Hippokrates kannte selbiger noch nicht,
Auch, dass sich Hund und Katzen nie vertrügen, bleibt ein Gerücht.

Elefanten fürchten keine Mäuse; und Hummeln? Ja, sie stechen doch!
Der Amtsschimmel ist noch immer kein Pferd und die Bisamratte kriecht als Wühlmaus aus dem Loch.
Tiefer Luftdruck kann selbst durch große Hitze werden
Und zwei Mal Minus muss noch längst nicht Plus ergeben – so Adam Rieses Erben.

Dass der Büffel meist ein Bison ist, weiß schon so manch Kind,
Und ebenso, dass die blinden Schleicher doch ganz gute Seher sind.
Buchweizen ist kein Getreide und Einstein war durchaus als guter Schüler einst zu achten,
Und dass Mäuse mit Vorliebe Käse verspeisen würden, ist als selbiger zu betrachten.

Den hamelnschen Rattenfänger gab´s wahrheitlich niemals in echt,
Und die Idee vom unfehlbaren Papst wär sicher auch nicht schlecht.
Den gerichtsvollziehenden Kuckuck konnt keiner wie erzählt erleben,
Und ein Jahr Null hat es schon rein rechnerisch niemals gegeben.

Ein Kind der Arbeiterklasse war der Fußball nie – auch im Sport muss nicht alles stimmen,
So kann man nach dem Essen, mit vollem Magen, durchaus noch im Wasser schwimmen.
Auch so ein singender Schwan, der wär wohl ganz nett,
Doch findet man ihn höchstens auf der Bühne, beim Ballett.

Aus einem Wurm macht das Messer keine zwei, der Koala ist kein Bär
Und auch die Geschichte vom bösen Libellenstich bleibt nur eine Mär.
So irrtlichtert der Mensch weiter durch seine gefälschte Welt,
Und behauptet bloß immer das, was ihm gefällt!

Stammesleere

Eine Erfolgsgeschichte der Stammesevolution:
Unser Dasein als der Welten größter Lohn?
Wir Menschlein halten uns für der Schöpfung höchste Krone,
Doch manche Stimme meint: Es ging besser ohne!

Somit wissen wir um unser Who is Who: Wer ist Wer?
Bleibt noch die Frage: Wo kommt der Mensch eigentlich her?
Charles Darwin fällt uns meist ein, er als Erster hat´s besungen:
Was bei manch Nachfolger dann doch ganz anders fehlgeklungen.

Menschenaffen gibt´s – und wohl auch affige Menschenexemplare,
Und darüber hinaus auch so manche Doppelgänger, wenn auch rare.
Übergänge, Mutationen und schließlich die Selektion dazu,
Auch das verstand manch Wirrkopf falsch im Nu.

Der Mensch ist und bleibt Mensch und kein experimentelles Wesen,
Das gesunde Exemplar braucht keinen anderen, um an ihm zu genesen.
Doch von unseren alten Verwandtschaften wolln wir wenig wissen,
Nur bei der Genomforschung die große Nähe doch nicht ganz missen.

Keinen Greiffuß mehr, viel Hirnplastizität – das findet man gewiss,
Und man merkt den Fortschritt durchaus an der Stellung des Gebiss.
Doch wo´s noch hapert, schon Jahrhunderte lang:
Das wär – wer käm drauf? Des Menschen aufrechter Gang!

Alltagslyrik

Die Zugreise

Gegenüber im Zugabteil sitzt eine mittelalte Frau.
Sie studiert mich – ich fühl und merk es ganz genau.

Mit Teleskopblicken werd ich durchbohrt, derweil ich lesen will,
Doch unter solchen Argusaugen sich keine rechte Muße finden will.

Meine Gedanken wandern und sie schweifen,
Und keiner davon lässt sich so richtig greifen.

Bis ich mir holen werd zurück mein Glück:
Mach´s genauso und starr ganz frech zurück!

Der Zug hält, unsere Wege trennen sich – so möcht man meinen,
Um sich im Anschlusszug doch gleich wieder zu vereinen.

Extra ganz hinten steig ich vorsorglich ein,
Stell dort im Nuhe fest – man ist nicht ganz allein.

Wer sitzt schon da – ja, haargenau:
Aus dem Vorzug wieder exakt dieselbe Frau.

Wie auf frischer Tat ertappt kommt man sich jetzt vor,
Immerhin nun keines Blicks mehr würdig, der mich durchbohr´.

Ich schau krampfhaft hinaus zum Fenster, starre ganz starr
Bis ich erst bemerke: Sie sitzt gar nicht mehr da!

Nichtstun

Der eine tut das, was er kann
Doch kann er das auch, was er tut?
Es geht vielleicht, doch es geht meist nicht besonders gut.
Dabei verliert mancher wohl den Mut;
Und sagt sich leis:
„Es ist doch besser, wenn man gar nichts tut!“

Die Parkbank

Auf einer Parkbank war sie gesessen,
Ich sah sie nur kurz im Vorübergehn.
Bis heut kann ich sie nicht vergessen –
Ihr Gesicht war einfach wunderschön!

Umdrehen hätt ich mich und sagen wollen:
„Ist hier noch ein Platz frei?“
Mich ganz frech zu ihr hinsetzen sollen!
Doch bei solchen Gedanken wurden meine Glieder schwer wie Blei.

Beim nächsten Mal – so schwör ich – handle ich geschwind,
Schreite sogleich zur Tat, nehm in die Hand des Schicksals Lauf:
So setzte ich mich bald zur Nächstbesten, doch die schien fast noch Kind.
Was für ein Glück: Sie stand gleich wieder auf!

In der großen Stadt

Häuserschluchten und Tunneltal.
Gesichtslose Schleicher in gar zahllos´ Zahl.
Sie alle, Betonmenschen ihrer Stadt:
Hier lebt der Mensch, der alles hat.

Winkelzucken im fahlen Messergesicht,
Wenn ein Schrei stumm durch die Masse bricht.
Man wird sich fremder hier als fremd.
Hier lebt der Mensch, der niemand kennt.

Grelles Flimmern, ein Blick wie todgeweiht;
Schwaches Schimmern, das Gemüt bebleit.
Konsumgeprägt und namenlos getauft.
Hier lebt der Mensch, der alles kauft.

Fenster sitzen leer wie Löcher in den Wänden,
Geld fließt zwischen Fingern und auch Händen.
Konsumtempel werden hastig und wüst durchwühlt:
Hier kauft der Mensch, der nichts mehr fühlt.

Das Straßenpflaster kalt, der Himmel leer;
Hoch aufzuschaun wagt keiner mehr.
Man wird verschallt und bloß verraucht.
Hier lebt der Mensch, der alles und doch nichts mehr braucht.

Hast und Hetze früh schon im ersten Morgengraun,
Dunkle Minen und ein finstres Schaun.
Blicke leer, die treffen ungehemmt:
Hier residiert ein Mensch, sich selbst ganz fremd.

Im tiefsten Häusermeer gefangen sein,
Wo alle Sehnsucht bald wird zu Stein.
Schweren Schrittes trägt man Gepäck und Schicksal.
Hier wankt der Mensch im Seelental.

Geknickte Häupter und gesenkte Nasen:
So durchkreuzt man breite City-Straßen.
Die gebeutelt´ Seele, wie schwer sie doch wiegt,
Hier fleucht ein Mensch, der scheint besiegt.

Rauch von Schornsteinen senkrecht zum Himmel weht;
Im kalten Dunst die Welt stillsteht.
Ein Feuer, das im Neid nur brennt.
Hier geizt der Mensch, der human sich nennt.

Endlos schmale Gassen im Bogenlampenlicht,
In kalten Worten man stumm nur spricht.
Keiner hier ein Lächeln zu viel noch wagt,
Hier spricht der Mensch, der nichts mehr sagt.

Blicke, die töten und Gesten: sie geißeln und verwirrn
Alle Landkinder, welche sich hierhin einmal verirrn.
Hier baut der Mensch, der stapelt tief.
Hier wacht ein Mensch, der niemals schlief.

Durchdacht, verplant und Stein geworden:
Kalt ist´s, das gemörtelt Meuchelmorden.
Anomisch verleben: nicht kalt, nie heiß.
Hier lebt der Mensch, der nichts mehr weiß.

Entlebt, verwirkt – wie altes Blut ohne jungen Strom,
Zerrüttet Seelenfrust in disharmonisch Reaktion.
Zu Bewusstsein kommt´s uns höchstens dann und wann:
Hier wohnt der Mensch, der nicht viel kann.

Charakterliches und Menschliches

Der Narzisst

Allein und einsam lebt er, liebt nur die Seinen,
Mit sich selbst ist er nicht ganz im Reinen.
Doch er weiß nicht, wer er ist:
Sag´s ihm bloß nicht, diesem Narzisst!

Die ganze Welt ist stets ihm spinnefeind.
Weil sie´s nur gut mit andren meint.
Wohin der Globus auch sich dreht – er bleibt das, was er ist:
Ein ewges eitel Ego – der Narzisst.

Nur selten er jemand gerne lobt,
Viel lieber neidversessen argwöhnt und manchmal sogar tobt.
Er kennt nicht die Offenheit und was ein wahrer Mensch wohl ist:
Der unverbesserlich aufgeblähte Brett-vorm-Kopf-Narzisst.

Erhebt sich ein andrer, der wirklich etwas kann –
Sein Neid? Er kommt vom kleinen großen Mann.
Der nur das bleibt, was er ist:
Ein selbstgerechter Voll-Narzisst.

Wie ein Getriebener wandelt er durch Zeit und Raum,
Verkehrt alles Wahre stets in Trug und seinen Traum.
Weiß er doch nur zu gut, dass er selbst nichts ist:
Dieser gottverlorne Trug-Narzisst!

Sein Streben nur ihm selbst stets gilt,
Außer Hochmut führt nicht viel er im Schild.
Und er weiß noch immer nicht, wer er wirklich ist:
Dieser eiskalte, selbstverlogene Narzisst.

Verlassen wird er einmal sterben, diese Welt war niemals Sein;
Verlorn, verschmäht und so allein.
Und noch immer ahnt niemand, wer er wahrlich ist:
Es bleibt auf ewig ein Narzisst.

Einer von uns scheint er – doch wie könnt er´s sein?
Auf seine Mitmenschen macht dieser sich keinen Reim.
Hast nun Du, Mensch, das Bewundern andrer manchmal noch so gern,
Von Narzissten halt Dich dennoch besser fern!

Die Nazisse

Nur ein kleiner Buchstabe – wohlgemerkt – hier nicht mehr steht,
Und doch den Sinn (rechts-)radikal verdreht.
Auch handelt ´s sich hierbei um eine Frau,
Um genau zu sein – eine aus dem Plattenbau.

Die schon durchgemacht so manche Wende,
Erlebte hautnah mit des Esel-Sozialismus Laufes Ende.
Die Ochsentour gewandelt zu neuem Lug und Trug,
Herzlich willkommen beim Kapitalistenspuk!

Ehrlich

Gesetzt den Fall, wir wärn aus Glas;
Durchsichtig und besehbar wie nur irgendwas.
Und ein jeder wüsst, was wir still bei uns denken,
Zum Festtag planen, ihm zu schenken.

Wen wir weshalb anluren schief und krumm,
Wen wir halten für besonders schlau – und wen für dumm.
Auch wo unsere Liebe grad so hinfällt,
Und wie´s uns hier gefällt in der holden Welt.

Wohin uns zieht die nächste Reise,
Was grad in uns summt: welch Lied und Weise.
Hätten wir tatsächlich so viel zu verliern,
Wofür wir uns so oft geniern?

Doch der Mensch – zur Erkenntnis angeblich stets gewillt,
Erfand zum eignen Schaden ein falsch´ Ebenbild.
Sagt mir: Wär es wirklich so gefährlich,
Wenn wir fortan nur noch ganz ehrlich?

Gut und böse

Der Mensch meint´s gut
Und macht´s doch schlecht.
Drum sei besser auf der Hut,
Wenn er´s meint recht.

Ist´s wirklich noch ein Teil der Kraft,
Die Gutes will und Böses doch nur schafft?
Gut versteckt im schlechten Stil:
Spöttelnd und bissig, nekrophil.

Dysfunktional

Den Sportler zwickt die Wade,
Der Manager steuert Richtung Burn-Out-Syndrom.
Der Dichter klagt über Schreibblockade,
Beim Regierungshaupt wackelt stets der Thron.

Ein Journalist nichts mehr zu fragen weiß,
Und der Arzt wird selbst zum Patient.
Ein Star-Tenor krächzt nur noch leis,
Der Schauspieler bleibt ohne Engagement.

Die große Nachwuchshoffnung – sie kennt kein Schwein,
Den Bildhauer küsst schon lang nicht mehr die Muse.
Der Philosoph schreibt stets für sich allein,
Das horizontale Gewerbe schmilzt wie Silikon unter der Bluse.

Kinder hören bei ihrer Pädagogin nicht mehr hin,
Schraub und Dübel verwechselt der Monteur.
Ein Quizmaster verdreht ungewollt der Fragen Sinn,
Der Brummi-Fahrer stellt das Fahrwerk quer.

Leichter hat´s da wohl das Brette vor dem Kopfe,
Das sich quergelegt hat allemal.
Auf das man hoffnungsvoll bei Gelegenheit gern klopfe.
Heute sind wir dysfunktional!

Scherbengedicht

Vor Trümmern sitzt er, der Mensch, davon so vielen.
Ihm ist, als wollt er damit wieder spielen.
Setzt zusammen, was ganz einst war
Geht auf in seinem stupiden Tun – ganz und gar.

Und so bleibt´s: von der Wiege bis zur Bahre,
Vom ersten Schrei und Schritte hin bis zur Leichenstarre.
Glaubt jemand nun, all unser Tun hätte stets doch Sinn und Ziel,
Trau dem Menschen ruhig was zu, nur nicht zu viel!

Der Störer

Ein Jeder von uns erkennt ihn, wenn er auf ihn trifft;
Sei´s auf der Parkbank, im Kino oder auch im Lift:
Den Störer.

Im Wartezimmer, wo er jede Unterhaltung hemmt,
Und alle sodann gleich tun wie höchstverklemmt:
Der Störer.

Glaubst Du Dich ganz allein auf weiter Flur –
Er kommt auch ohne Ecken um selbige, warte nur:
Der Störer.

Ein bloßer Wichtigtuer und kein Betörer;
Ich brauch ihn wirklich nicht:
Den Störer.

Ein armer Hund

Traurig sitzt er im gepflasteren Hof allein,
Reckt seine verlorne Gestalt zum leeren Sonnenschein.
Seinesgleichen hat er noch nie wahrgenommen:
Wahrlich – dieser Hund ist auf sich selbst gekommen!

Knickt ein Reh im Wald nur das Ästlein einer Tann;
Er merkt auf, hört alles und schlägt laut bellend an.
Am rostigen Gitter sein räudiges Fell oft reibt,
Jeden Eindringling mit aller Kraft vertreibt.

Nur seinem Herren bleibt er ewig treu,
Verteidigt Haus und Hof gegen Wolf wie Leu.
Kein Wesen kommt ihm zu nahe aus der Fern,
Doch das Alleinsein hat auch er nicht gern.

Bemühst Du Dich um ihn, besuchst ihn an seinem verlornen Ort?
Grad Dich jagt er gleich von dannen, hinweg und fort.
Schleicht jemand heran? Komm ihm nicht zu nah:
Er bleibt letztlich einsam – so wie er´s immer war.

Wer ist´s nun, dieser arme Hund?
Sag´s laut; tu es nur kund!
Wer ist hier Mensch und wer wohl Tier?
Kettenhund, Du bist genau wie wir!

Wertvoller Besitz

Es gibt niemanden, der Dir wert ist,
Wenn Du Dir selbst nicht wert bist.
Kein anderer, der in Dir und in dem Du bist.

Kind warst Du und wirst es immer sein,
Wenn Du nicht Du und Dein Leben nicht mehr Dein.
Denn Du gehörst nur Dir – ganz allein!

Schmerz

Lass den Schmerz Dich warm aushöhlen,
Gib Dich ganz und gar ihm hin.
Denn nur ein gelebtes Leben
Ist des Daseins wahrer Sinn!

Führ Dein kurzes Leben
In die herbe Welt hinein!
Und all Dein Sehn´ und jedes Streben
Wird immer nur ein Heimweg sein.

Naturlyrik

Ewig rauschen die Wälder

Im Rausche der Nacht ein noch ganz kleines Kind
So hast Du, Gott und Schöpfer, mein Werden einst bestimmt.
Und bereitet ein Leben, seinem Besitzer noch fremd,
Derweil ein Wind wogend goldgelbe Felder durchkämmt.

Wir lebten auf und wir gedeihten.
Von stummen Zeugen begleitet durch versickernde Zeiten.
Wir waren jung und hatten wohl Träume
Und schon damals wehte der ewige Wind durch noch niedere Bäume.

Manches erschien fast so, als geschähe alles wie von allein:
Das irdisch Leben, fortan vom ersten Keim.
Wie Welten, geboren aus Wehmut und Begehren,
Im Hier und Jetzt das Leben verehren.

Wir wuchsen auf in Ränken, wohlbelehrt.
Und doch habt ihr uns nie gänzlich bekehrt.
Viele Herzen blieben verschlossen; zu Stein geworden, eiseskalt.
Und selbst für sie streicht der Wind durch den wie scheintoten Wald.

Wer es nicht kennt: das Leuchten der Dunkelheit,
Die Leichtigkeit der Schwere, das Glücke im Leid,
Die Trauer der Freude, wenn sie geht zur Neige.
Und immer streicht der Wind unentweglich durch beblätterte Zweige.

Weiter dreht das Mühlrad seinen Lauf,
Der Eine fällt und Andre stehn auf.

Den meisten aber platzen alle frühen Träume
Und ewig weht auch für sie der Wind durch stattliche Bäume.

Eine Tiefe der Sehnsucht, die stumm und starr mich macht,
Schneidend kalt die Luft unter hohen Sternen tiefster Nacht.
Bald sind wir verstorben, waren hier immer nur geduldete Gäste.
Und sanfter schon streicht nun der Wind durch dürr gewordene Äste.

Ganz wie das Morgenlicht, wenn Leben neu entsteht im Keim.
So will ich einmal noch liebend kommen: zu Dir nur allein.
Und bald schon wird man von uns nichts mehr auf Erden hier finden,
Doch, glaub mir, auch dann noch streicht der Wind durch hochgewachsene Linden.

Morgen vielleicht, da kommt er vom Meer;
Unentwegt weht der Wind – grad so, als ob nichts gewesen wär.
Als ob niemals auf Erden wir gelebt.
Nur der Wind einmal kurz wie zorneswild bebt.

Kalte, schwarze Nacht

Gefrorene Pfützen wie gesplittert Glas und fest gefrorener Kies;
Gläserne Herzen und von Stahl die Hand.
Gitter und Stäbe, die Tür zum Verließ –
Ein Schlüssel, den noch niemand fand.

Des Glückes ferne Ahnung
Bleibt stets die erste Warnung.
Vor Selbstsucht, Torheit, Übermut,
Enttäuschung, Eifer, blinder Wut.

Verborgen im Jenseits, versunken im See,
In der Tiefe ewiger Nacht.
Verfirnt und verkrustet wie schmutziger Schnee,
Fernab der Liebe, nicht mehr in unserer Macht.

Wann bricht das Eis, nimmt aller Seelen Frost?
Verhilft zu neuem Glanz dem rauen Rost?
Wer taut des Nebels grauen Schleierwall?
Bringt Licht und Wärme hinab ins finstre Tal?

Erneut nähert trist und grau sich der Abend:
Dunkler und schwärzer noch die Nacht.
Wenn hinter feuchten Mauern labend,
Im trüben Dunst der Pöbel schallend lacht.

Aufzubrechen und dorthin zu wandern;
Es gäb so viel – fernab von dem Andern:
Nicht weit, nur ganz kurz zu gehen;
Um mit offnen Augen die wahre Welt zu ersehen.

Doch getragen von der Kälte Widerhall
Schallt über feuchtes Pflaster
Geifernd aus dem Wirtshaussaal:
Der Ruf der sieben Laster.

Vorbei die verlogne Stunde;
Vergangen, nicht verbracht.
Zurück allein bleibst Du:
Kalte, schwarze Nacht.

Zwischen den Jahreszeiten

Nebel liegt im blassen Tal wie kaltes Schweigen,
Dämmerlicht strahlt zwischen halb verdorrten Zweigen.
Und der Lauf der Sonne lässt nur wage sich erahnen:
Gewiss, sie lebt; doch wo sind ihre hellen Bahnen?

Angekommen auf der Schattenseite allen Lebens
Streckt man sich im Herbste meist vergebens.
Wenn auch die Hoffnung zeugt vom neuen Tag,
Sie uns nicht mehr so recht treffen mag.

Der erste Schnee auf nahen Hügeln und fernen Kronen.
Dort, wo es heißt, dass Gott und Teufel wohnen,
Schimmert hell, gleißend und doch fern:
Wie kirre Botschaft von einem andren Stern.

Das bunte Leben längst verschlungen im Spätherbstschein,
Zu kalt schon für die freie Seele, die leise spricht: Ich kehre heim.
Entflohn aus einer Welt, die dunkel und versperrt,
Und das junge, bunte Leben strikt verwehrt.

Nur kurz zeigt als verschwommen Rund die Sonne ihr milchig Gesicht
Sendet kühle Strahlen; doch, wärmen – das vermag sie heute nicht.
Und kurz scheint´s so, als wärn alle wir wieder jung wie frisches Blut.
Bis eine graue Wolke deckt ihn zu: lustfrohen Tagesmut.

Kein Tal ohne Berg, kein Gletscher ohne Firn,
Keine Ferne ohne die allzu enge Stirn.
Schier unendlich schimmernde Weiten,
Nicht Winter und doch kein Herbst mehr: zwischen den Jahreszeiten.

Zu allen Jahreszeiten

Zwischen Bäumen, jungen wie alten,
Hat der Sommer Einzug gehalten.
Und Du scheinst wie der Sonne gleißend Strahl,
Lebst auf tagtäglich eintausend Mal.

Astern und Anemonen, die Rosen bald verblichen,
Dann hat der Herbst ins Land heimlich sich geschlichen.
Und auch Du wirst welk, Dein Glanz verbleicht,
Wenn der Nächte Allmacht den Tag sanft überstreicht.

Und schon hält der Winterfürst seinen Hof und Staat.
Bedeckt mit Eis, Frost und Schnee die spät aufgekeimte Saat.
Gewandelt in eine Welt, die Dich nicht sucht;
Eine Erde, die verblühtes Leben grob verflucht.

Das junge Frühjahr kommt und ein weitrer Winter geht,
Letzter Schnee fällt sanft, schmilzt – für ihn wird´s zu spät.
Monde verbleichen und froher nun Dein Mut
In Hitzetief und Sommerglut.

Du bist nur Gast, allein die Zeiten bleiben.
Und sie werden auch Dich, kleiner Mensch, noch voll und ganz zerreiben.
Drum wandle durch schier unendlich Weiten
Zu allen Jahreszeiten.

Föhnsterben

Kalt sind sie, deine Erben
Föhnsterben.

Hart wie Stein und erkaltet Erz,
Empfindlos stur, aus Glas ihr Herz.

Kalt sind sie, deine Erben
Föhnsterben.

Schwarze Schwelle, der Himmel blutig rot;
Wetterwechsel – stets wie ein kleiner Tod.

Kalt sind sie, deine Erben
Föhnsterben.

Novemberlicht

Die Schönheit der Welt wie aus Nebeln geboren,
Vier Türme der Stadt am Horizont blass erhellt.
Herbstlicher Strahl trifft auf eine Welt verloren.
Heller Schein in eine lieblos, leblos Welt.

Eiserne Spinnweben durchspannen das düstere Tal,
Wie Girlandenschmuck einen leergefegten Wirtshaussaal.
Alle Natur nun geworden ist zum Greis,
Stirbt ihren alljährlichen Tod, ganz fromm und leis.

Da wird´s dunkler und dumpfer mit einem Schlag,
Kein Glanz mehr auf Giebeln und auf dem Dach.
Finstre Wolkenbank beschließt den nie gewordenen Tag,
Nur noch das Rauschen vom Fluss und ein Plätschern am Bach.

Eine gute Weile lang betrachte ich alles ganz still,
Solange, wie kein neuer Gedanke kommen will.
Der befiehlt: Geh zu, wozu noch länger schaun?
Was Gottes Hand vollbracht im freien Raum.

Der Tag vergangen, die Nacht noch nicht so weit:
Es scheint die Ruhe, vor dem gewaltigen Sturm,
Ein Zustand fast wie Zeitlosigkeit,
Heranziehend Wetterunbill im Wolkenturm.

Der Wind steht still und lautlos das Wasser schweigt;
Farblos gemalt die Welt ihr schillernd Sterben zeigt.
Ein letztes Wetterleuchten durchzuckt als Jupiter das All,
Wie salbende Absolution nach erzgem Sündenfall.

Bald ein feister, fetter und zahnlos Mond,
Fahl und grau begleitet, stiert er schlierig-weiß,
Am Himmel als Gestirn uns thront.
Nah der Geruch von Schnee und erstem Eis.

Ein letztes Mal schön angerichtet,
Vom Erdtrabanten voll belichtet.
Wenn kalter Winter steht und droht.
Und alles Dasein stirbt einen leisen Tod.

Dezemberfrost

Dezemberfrost, der Geist verwirrt,
Blut in blassen Adern bald gefriert.
Kalter Atem, ein Gesicht stumpf und fahl
Blickt hoch zum letzten Sonnenstrahl.

Zweige, die im Frühling lind und zart,
Stehn heut gefroren knochenhart.
Heidekraut, vormals wild und ungezähmt,
Verharrt starr und steif, fast wie gelähmt.

Skelettgleich stehn Baumruinen Spalier,
Führn den Weg zur ersehnten Tür.
Ein Haus wie verloren auf der Flur allein,
Doch niemand spricht: Tritt nur herein!

Keine Spur dorthin, glatt und weiß das Feld;
Verlassen verfällt die ganze Welt.
Die Rosen ohne Blüten, nur mit letztem Dorn,
Kein Blick zurück – nur noch nach vorn.

Wasserflächen statt gekräuselt spiegelglatt –
Im Zwielicht schimmern seidenmatt.
Es dominieren Blau und graues Weiß
Geschlossen nun der Lebenskreis.

Ein letzter Schauder durchfährt die morschen Glieder
Über farblos Lippen klingen leise Lieder.
Des Sturmes Geheul langsam verstummt,
Nun schlägt die allerletzte Stund.

Von schwerer Last bald befreit die Zweige;
Der letzte Tag, er geht zur Neige.
Dem Schicksal demütig ergeben:
Der letzte Hauch, vorbei ein Leben.

Jahr um Jahr um Jahr

Neujahr ist's, der erste Januar!
Und alles wird, was noch nicht war.

Februar, viel zu kurz Dein reinlich Sein,
Dass es Dich gibt, verdankst Du dem Latein.

März, der Du uns den Frühling stets versprichst,
Und doch Dein eignes Wort mit altem Winter wieder brichst.

April, Du Monat grün und lind,
Wandelst toten Zweig zur Blüte ganz geschwind.

Der Mai macht um sich selbst wenig Aufhebens
Und bleibt doch der Monat allen Lebens.

Die Tage werden lang zur Junizeit,
Wenn´s morgens weiße Blütenblätter schneit.

Im Juli trocken, ausgedörrt und heiß das Land;
Ein dunstig-klarer Himmel die stehend Welt umspannt.

August, Du Monat von Ernte sowie weiter Reise,
Voll praller Lebenslust und froher Weise.

Septemberkind, Du machst uns wieder Sorgen,
Kalt schon ist Dein früher Morgen.

Oktober – tief und weit wie sonst keiner.
Die Schatten länger und unsre Träume werden kleiner.

Die Novemberpest steht schließlich weiß und grau:
Verdirbt nicht Kind, doch manchmal Mann wie Frau.

Dezember: heilig lang ist sie, Deine tiefe Nacht.
Ein weitres Jahr vorbei – es ist vollbracht!

Die Katze

Die Katze, sie schleicht umher und schmeichelt,
Dabei das Hosenbein feucht bespeichelt.
Eine schier ungezügelte, nicht selten verhängnisvolle Neugier
Ist es, die kennzeichnet dieses vormals wilde Tier.

Schau, wie sie sich anschmiegt und wie sie schmust –
Wenn du ihr zu fressen geben musst.
Leise zärtelt sie um den leeren Korb – hör nur, wie sie schnurrt!
Und nach plötzlichem Stimmungswechsel tief und dunkel knurrt.

Sie blickt herauf und springt behände auf den Schoß.
Und der Mensch denkt: Ihre Liebe? Die wär doch groß!

Schläft in seiner Obhut friedlich wie ein Kind,
Doch ihre Absichten ganz andre sind.

Sie wacht auf und geht wieder ihrer Wege ganz allein,
Da hilft kein Rufen, Bitten und „Maunz, maunz“ nachschrein.
Das einzige, was solch Koserei Dir gebracht:
Dass höchstens der Nachbar über Dich leise lacht.

Denn erst am Abend, pünktlich zur Stund,
Kehrt die Katz zurück und tut neu entdeckte „Liebe“ kund.
Doch wiederum sie nicht sehr lange bleibt.
Immer ist´s nur der Hunger, der sie zu uns treibt!

Die Katz? Ein Tier mit zweierlei Gesichte.
Und die Moral von dieser ungleichen Liebesgeschichte?
Liebe ist nicht immer das, was als solche uns erscheint,
Denn das Katzentier tut doch nur, was es selber meint.

Vielleicht lehrt´s uns etwas, dieses Gedichte!
Oder bleibt´s doch immer wieder nur dieselbe Geschichte?
Der Mensch muss sich hier wohl schamlos eingestehn:
Es ist doch ganz anders – wer braucht hier wohl wen?

Flatterlieschen

Es poltert leise nachts im Haus,
Nicht ist´s die Katz, sondern die Fledermaus.
Das fernste uns von allem Säugegetier:
Tatsächlich verwandt mit uns, dieser Vampir?

Tja, da helfen weder Rosenkranz noch Psalter,
Wenn er nächtens wippend schwirrt, der schwarze Falter.
Kreist wie hüpfend auf und ab,
Keck über unsere Häupter ziemlich knapp.

Wenn die beflügelten Mäuse im Dunkeln spät ausrücken,
Heißt´s für uns: Kopf einziehen und besser: ganz tief bücken.
Eigenartig hektisch flattern sie – nicht grad wunderbar,
Versehentlich landen schon mal bei uns im Haar.

Die Luftmäuse erschrecken uns nach Dämmerfall,
Sehen fast nichts, hören hervorragend; orientieren sich mit Ultraschall.
Stehen unter Naturschutz? Doch schnell ist´s vorbei mit der Geduld:
Wenn sie vielleicht doch an Corona schuld!

Das Lämmchen

Am ersten neuen Tag noch ganz gemach,
Auf dünnen Beinen und anfangs noch sehr schwach,
Steht das Lämmchen neben dem Muttertier:
Seine Beine zittern, alle vier.

Gierig trinkt den Saft des jungen Lebens,
Doch alle Mühen sind ihm doch vergebens.
Gesprochen schon das tödlich Urteil
Im Schlachthof wartet längst ein scharfes Beil.

Am gedeckten Ostertisch sollst Du erfreuen Vater, Mutter, Kind!
Gibst Dein kurzes Leben, auf dass wir Menschen glücklich sind.
Sind´s dennoch höchstens dann und wann:
Umsonst gelebt und auch gestorben, kleines Lamm!

Sommer im Getreidefeld

Still stehen Luft und eine Welt,
Sommer im Getreidefeld.
Lieb Angesicht in heißer Sonnenglut,
Wo alles Atem hält und in sich ruht.

Wenn Sonnenglut den Tag durchhellt.
Sommer im Getreidefeld.
Schwalben schweben, flattern höher in den lauen Lüften;
Sommerabend verzaubert uns mit reichen Düften.

Wenn Eins sich zum Anderen gern gesellt.
Sommer im Getreidefeld.
Laut pochend, pulsend und tief in mir – Dein.
Das Leben lustvoll lind, heut muss es sein!

Gartenlärmidylle

Maschinenwut, Gartenruhestörer,
Hausmannstechnikvielbeschwörer.

Lärmabhängige mit höchstem Suchtfaktor,
Eisengesichter hinter jedem hohen Gartentor.

Mähermesserwetzer, feingeschliffen,
Blütenhalsabschneidung inbegriffen.

Auf Kreuzzug gegen der Natur Wohl und Heil,
Kerbt es tief, das scharfe Beil.

Bäume fallen um, ganz so wie Mikadostäbe,
Als ob es sonst nichts Wichtiges gäbe.

Beispielseise leben für und mit der Natürlichkeit,
Wozu der neue Mensch nicht mehr bereit.

Schweres Herz

Die Sterne standen, mein Herz ward schwer,
Als ob´s erst gestern gewesen wär.
Und heut der Sommerwind wogend über Meer gewordene Felder streicht,
Mein gar selig Gemüt erreicht.

Die Luft war lau und lind die Zeit,
Heut ist sie längst Vergangenheit.
Du bist gestorben und Dein Name brennt
Nur dem, der seine Eignerin kennt.

Dir zu folgen, auch wenn es lohnt,
Wo die Erinnerung tief in mir wohnt.
In der Sommerweite, nur Du allein,
Als Himmel und Gestirn erschienen jung und rein.

Alles nichts ohne Dich und doch zu schön,
Sich nach Deinem neuen Ort zu drehn.
Gevatter Tod, ich bin noch nicht so weit,
Such Dir anderswen, ich brauch hier noch etwas Zeit!

Der letzte Tag

Noch einmal will ich dorthin ziehen,
Allem Wust und Wetter hier entfliehen.

Die Wasser kehren bekanntlich nie zurück –
Nicht viel anders verhält sich´s mit dem Glück.
Man muss ihm folgen, es sucht gewiss nicht nach Dir.
Hold ist´s wohl nur dem, der auch viel gibt dafür.

Einmal noch will ich einen solchen Zeus besteigen,
Dabei durchbrechen edlen Wolkenreigen.

Stets empor: Gott, nein, nicht zu Dir!
Der Weg hinauf, er führt zu mir.
Und der Felsen scharfe Zacken:
Ein letztes Mal noch sollt Ihr mich packen!

Dann wird der Blick von Euch gleiten,
Hinab in schier endlose Weiten.

Gegen Abend erst, wenn die Bergluft mild und weich,
Geb´ ich dann hin mein Leben – für Dein Reich.
Darfst mir ruhig den Weg bereiten,
Denn es ist gewiss: Bald wechsle ich die Seiten.

Soll kommen dann, was kommen mag.
Erfüllt war er, der letzte große Tag!

Ewiges Wasser

Ewiglich fließen die Wässer
Von überall her:
Vom Berge zu Tale
Und immer ins Meer.

Ewig fließen die Wässer,
Die Ströme hinab.
Und wenn sie dann siegen
Auch über dein Grab.

Balladen

Einbruch im Eisbruch

Gefroren hat´s, nun schon die dritte Nacht,
Zur Sonntagszeit man sich auf zum Ufer macht:
Von Heinrich bis Hempel, Hinz, Kunz und Kreise,
Wagt man sich heran, ans noch ganz dünne Eise.

In stiller Ferne das weite Ufer lockt auf der andern Seite,
Dazwischen des Eisesglanzes geheimnisvolle Weite.
Entschlossen wagt es nun der tapfere Herr Kreise,
Zu queren das noch zarte Eise.

Er stolziert hinaus, wagt Schritt für Schritt,
Am Himmel (so hofft er) fliegt gewiss ein Englein mit.
An das er selbst nicht so recht glauben mag,
Schon gar nicht am gar helllichten Tag!

Und tatsächlich fliegt ein Schutzengel hoch über dieser Tragik,
Sieht, was kommen wird, mit bangem Blick.
Doch angesichts der gewaltigen Kraft des Wasserstroms,
Ist´s ihm zu Mute wie einem Bettler vor den Toren Roms.

Die Menge steht und lauscht aufmerksam ganz Ohr,
Wo stumm die Gestalt, Herr Kreise, einen leisen Kampf verlor.
Das fahle Eis, es reißt und bricht,
Kein Ufermensch ein Wort noch spricht.

Sie stehen starr, fühlen der Natur harten Urteilsspruch,
Streng verklausuliert im Eisesbruch.

Es knackt nur einmal kräftig, doch das reicht,
Dass ein Mensch im Eis erbleicht.

Der Mensch sei stark, das wollt er zeigen,
Hinab sinkt er und zurück bleibt nur ein lautes Schweigen.
Die Natur war stärker, wir wissen es nun einmal mehr.
Und ein Platz am Ufer, für immer bleibt er leer.

Die Ballade von den sieben Herrschern

Sieben Herrscher schuf der Herre, unser Gotte
Und keiner unter ihnen ohne größere Marotte.
Wer nach Stärke strebt, ist meist klein von Geist.
Denn wer selbst nichts findet, obdeshalb gern die anderen weist.

Der Erste wohlan ein ganz geschlitztes Ohr,
Erstritt den Thron, bis er dem Land stand vor.
Starr seine Statur: der Mann aus Erz.
Ihm dort nur ein Stein, wo sonst des Menschen Herz.

Wie ein- und ausgeschworner Seelenbund,
Angeführt von einem falschen Hund.
Der Skrupellose lebt für seinen Moment, den besten.
Eisesstarr durschauert´s uns bei seinen Gesten.

Kleine Jungen – erst vor wenigen Jahren war´s:
Stehn heut uniformiert, gescheitelt und vollen Haars.
Eben noch Eisenbahn gespielt und Sandburgen gebaut,
Wirft man sie in die Schlachten, dröhnend laut.

Ein Herrscher führt sein Volk bald in den Opferkrieg,
Verliert alles: es bleibt nur Tod, kein Sieg.
In Stadt und Dorf läuten Glocken frühen Todes
Für unsern Möchtegern-Herodes.

Und im Stall die Esel tanzen froh,
Bis ein jeder fällt todtrunken-bleich ins Haferstroh.

Herrscher Nummer zwei, ein Redner, gar eloquent,
Der sich selbst widerspricht ganz ungehemmt.
Hohe Macht, die nicht auf breitem Boden steht,
Sie vervelkt, zerstäubt, vergeht.

Heilig ihm alles war nur zum Scheine,
Seinen Pöbel hielt fest er an der kurzen Leine.
Der Göttlichkeit am Busen schmachtend,
Nach Luzifug kulturlos trachtend.

Vergossnes Blut ward ihm zum Abendmahle,
Gleich Moses predigt er vom hohen Berg zu tiefem Tale.
Verlassen von allen Geistern: den guten wie den bösen
Sucht er danach, das Göttliche in sich selbst aufzulösen.

Eine aufgeblähter Blasebalg auf hohem Sockel,
Ein adamsapfelwippend eitler Gockel.
Ergriffen lauscht der Plebs mit offnem Ohr,
Allem Verbalfantasmus aus dem Mund des Tor.

Hängt an seinen Lippen wie ein Kinde an der Mutterbrust,
Frönt kritiklos kriegerisch verrohter Kampfeslust.

Und alles Menschliche bald wie die Abendsonn´ vergeht,
Wenn dahinter schwarzer Wolkenturme steht.

Und alle tanzen: Hör nur, wie sie schreien!
Nach noch mehr solch Eseleien.

Mit Nummer drei regiert erneut die selbstgerechte, rohe Hand.
Nicht zum ersten Mal in diesem blutgetränkten Land.
Und bis sein eigner Hochmut stellt ihm ein Bein,
Sollt sein Volk des Teufels sein.

Nur nach außen stark und im Innern – leider:
War er doch ein rechter Beutelschneider.
Er ließ wohl stecken das Schwerte in der Scheide,
Doch war er korrupt bis in die Eingeweide.

Reizbar, dauergekränkt und unzufrieden nur mit sich,
Ein Witz von einem Männlein, gar gänzlich lächerlich.
So steht er nun vor, will großes Schicksal sprechen,
Worte verkünden, um spruchwarm selbige sogleich zu brechen.

Es trampelt, man marschiert mit bellendem Gesang,
Der Stechschritt übertönt Orgelspiel und Glockenklang.
Waffen klirren, schweigen und Brände verlöschen wieder.
Und doch: neue Bomben gehen beständig nieder.

Auch er ward zum Friedhofswärter in seinem Land;
Regierte hart und wie von Stahl wies seine kalte Hand.
Niemals ließ er den Teufel in sich weichen.
Erst im Hades konnt seinen Frieden er erreichen.

Und wie wild die Esel sich gebärden,
Bis sie des Tanzes müde werden.

Ein neuer Herrscher – von hinten kam er auf den Thron.
Wer und wie er ist: man ahnt es schon.
Ein morbid-kranker Hedonist,
Mit dem auch kein besser Auskommen ist.

Ein gar eitel hässlich kleiner Wicht,
Mit schlecht verheilten Narben im Gesicht.
Ein falscher Freund und seine Art, es nicht zu sein.
Kurzum: ein ganz korruptes, falsches Schwein.

Nein, er scheint wahrlich kein Humanist,
Im Herze nicht einmal ein heuchelnd Christ.
So züchtet er die Kriegerrasse:
Epigenierte, vermaledeite Menschenmasse.

Blut an seine Händen klebend
Zur Leichenschau den Ton angebend.
Herrscheropfer: ihm der Leib und Gott die Seele,
Auf dass es an Demut nur nicht fehle.

Das servil-bigott Gottlose im Volk gesucht
Und im Handumdrehn all Heil verflucht.
Dem nur das Schlechte, Blutbefleckte wahr:
Als Menschenschlächter und Barbar.

Und wie´s die Esel wieder freut:
Sie tanzen wüst im Stalle heut.

„Errette uns, schick Heil vom Himmel hoch herab!“,
Doch auch der Fünfte brachte manchen Sohn ins Grab.
„Oh!“, rief aus erstaunt der Gotte, nun schon etwas trotzig-leis:
„Wer viermal irrt, wird doch noch weis.“

„Herr, hülf!“, schallt es zurück aus tausend Kehlen,
„Verschon uns all und unsrer Kinder Seelen!“
Und wie alles Hässliche liebt auch er, sich zu verkleiden
Als Heiland der Welt sein Herrschersein bescheiden.

Ein neuer Führer, der die Untertanen nährt und tränkt,
Viel Wasser im Weine, den er schänkt.
Ein Lamm zu Tage, doch ganz Wolfe tief zur Nacht
Hat geheuchelt Hehlerei ins Land gebracht.

Da kommt ein Weiser, der hoch zu Pferde sieht die dicke Kröte,
Und hört den falschen Frosche in ihm quaken.
Den eklen Aasgeier in seinem Gesichte fliegen,
Und den kalten Grundfisch ätzend äugen.

Der spürt den Wahnsinn geifernd aus ihm kriechen,
Und warnt vor tiefem Leide, Tod und Siechen.
Vernimmt des Höllenrhythmus Singen
Und das Totengebet erklingen.

Doch weiter geht die Eselei:
„Sperrt ein das Pferd, lasst nimmermehr es frei!“

Und Gott: Ja, er sieht wohl vor
Und tauscht einmal mehr aus den Diktator.
Herrscher sechs: ein Knechter und Despot,
Von Kopf bis Fuße zornesrot.

Er erschafft die Welt nach seinem Bilde,
Fernab von Humanitas, Wohlwolln und Milde.
Schickt Soldaten hinaus aufs Meer, kämpft in den Bergen,
Macht die Jugend zu lebendgen Särgen.

Ein Schwertschwinger und auch eiteler Lanzenstecher,
Der füllt randvoll den Giftebecher.
Mit Großmut reicht, nimmt alle mit,
Der wüste Klander-Ferozit.

Trotz allem Reichtum ärmer nur der Arme,
Wenn Eiseskälte tötet stets das Menschlich-Warme.
Er bringt Zwietracht unter all die Leute,
Macht zum Mob den Mensch und das Volk zur Meute.

Gewiss: Kein Mensch lebt ohne Feind,
Doch er nur trennt und nie vereint.
Bald wie Jagdbeute die Leichen türmen sich zu Berge,
Dazwischen liegen Kindersärge.

Doch was schert die Esel der Mütter Schmerz:
Wer nicht trauert, dem kein Herz.

Der siebte Herrscher ward noch fast ein Kind,
Als man ihn hebt auf den Thron geschwind.
Doch auch er wird mit dem Amte älter,
Verbissen, verbohrt, herzloser, kälter.

Sein Blick sucht die Ferne und die Augen weit,
Ein Mensch voll Machtmissratenheit.
Sein täglich Brot: illusorisch Kult und Trug-Verklärung,
Der Teller randvoll mit ideologischer Belehrung.

Und statt höherer Erkenntnislehre,
Dünkt´ es ihn nach Ruhm und Ehre.
In heilger Weih und mit der Dukaten Glanz,
Geigt er auf zum Teufelstanz.

Ein verworfenes Exemplar von Männlichkeit,
Quadratisch von Statur, so hoch wie breit.
So klimpert er mit billigem Geschirre wild,
Verzerrt mit Allmacht jedes wahre Bild.

Für sein Volk ging angeblich er durch´s Feuer,
Und hoher Rat wird wieder einmal teuer.
Bis alles endlich ausgebrannt.
Und kein wahrer Mensch mehr lebt im Land.

Und wieder tanzt der Esel vor dem Feuerschein
Bis er ward stumm, verlorn sein Sein.

Nun kommt ein Andrer, frei und frank.
Er muss nicht herrschen, tut´s frei zum Dank.
Wie sollt´ ich stark sein unter lauter Schwachen?
Wie schlau werden unter Törichten, die alle Menschlichkeit verlachen?

Was freut´s den Löwen, wenn durch Esel er zum Herren wird?
Was schert´s den gottlos Teufel, wenn von Christen er hofiert?
Legt ab die Ketten und auch den Harnisch schwer wie Blei!
Regiert Euch selbst und Ihr werdet doch noch frei!

Spannt die Esel aus dem Geschirre,
Die Euch führn mit Trug nur in die Irre!
Die tiefe Angst, die wohnt in unserm Sein versteckt:
Kaum einer, der sie gern entdeckt.

Drum hält man stets all das von sich fern,
Was der Mensch an sich hat nicht grad gern.
Doch nur wer die Wahrheit wählt, wild aufbrausend
Wird einmal auferstehen aus den Toden tausend.

Brecht die Brücken ab zu den Parteien,
Die nur blöken, wiehern, lauthalse schreien!
Und nicht mal mit sich selbst stehn im Reinen.
Hört auf die, die´s besser mit Euch meinen!

Da tanzt behänd ein Pferdchen, nur ganz still für sich allein
Und in Frieden schläft ganz glücklich ein.

Die Ballade vom Mann aus Stahl

Krieg ist´s und das Lande blutend rot.
Die letzte Schlacht; jetzt gilt´s: Sieg oder Tod!
Winter wurd´s und es schneit und windet,
Die Eiseskält durch Rock und Mantel findet.

Am Führerstand steht hoch zu der Empore,
Kapitän Schwertau und blickt auf die Lore.
Wo im Hemde die Heizer kräftezehrend schwitzen,
Doch ihm dringt der Nordwind bis in der Haare Spitzen.

Gen Osten rollt mit ihm der Donnerzug,
Durch den Schneesturm wie ein schwerer Pflug.
Aus hohen Lüften tief die Bomben fallen,
Leiber zerreißt´s und Angriffswellen heut wie Meereswogen wallen.

Sein Zug samt Geleit ward sogleich arg zerschossen,
Doch hoch zu Dampfross unverdrossen,
Steht Schwertau noch immer aufrecht, stumm und stramm,
Hält fest die Stellung – bis zum letzten Mann.

Zu dem er nun selbst geworden ist,
Doch niemals er die weiße Flagge hisst.
Standhaft bleibt er vom Scheitel bis zur Sohle,
Seine starre Hand setzt an die Dienstpistole.

Mit letztem Auftrag drückt er ab,
Verfehlt nicht – nein, niemals schoss er knapp.
Nun gilt als erfüllt die alte Welt,
Wo Schwertaus Körper in blutroten Schnee sanft fällt.

Die Geschichte von Kowalke

Kowalke ist ein Mensch, gewiss nicht ganz unsonderbar,
Einer – so, wie vor ihm noch keiner war.
Kein Durchschnittshomo sapiens erectus wohl;
Doch demgegenüber auch nicht gerade hohl.

Nur merkewürdig und etwas sehr, sehr eigen,
Sein Himmel hängt meist tief und längst nicht voller Geigen.
Die Muse, nein sie hat noch niemals geküsset ihn,
Er hat´s vielmehr mit Maschinen, Öl und dem Benzin.

Kowalke organisiert auch gern und häufig große Feste,
Geschäftig unterwegs, nimmt er vom Feinsten nur das Beste.
Stets dezidiert, er verhandelt bis ins allerletzte Kleindetail
Und findet im geschäftig Tun doch kein rechtes Seelenheil.

Akribisch wird durchexerziert der Ablauf bis zum letzten Händegriff,
Kowalke verpasst allem noch den allerletzten Schliff!
Schmiedet Pläne, schreibt Ordnungen – als ging´s schon wieder los:
Nein, Kowalke agiert nicht klein, sondern stets riesengroß!

Doch vergessen hat er etwas – die wetterlich Prognosen;
Denn bei Schlechtwetter geht alles – entschuldigen Sie bitte das Wort – voll in die Hosen.
So, wie er alles im Plan entworfen und sich vorgestellt wohl hat,
Findet´s nun zu schlechter Letzt nun gar nicht statt.

Um drei Wochen wird jetzt alles schnell verschoben,
Was damit noch längst nicht gilt als aufgehoben.

Kowalke macht ganz einfach weiter unverdrossen,
Doch auch der zweite Anlauf wird mit Himmelswässern reich begossen.

Ein wahrer Meister ist Kowalke – das lässt sich kaum bestreiten
Im Metier „Selbstverschuldete Schwierigkeiten“:
Absage, Abbau und schließlich die Verlegung in den Saal?
Nächstes Jahr das Ganze noch einmal!

Kennst Du auch so einen Kowalke, der stets in allem scheitern muss,
An Großmannssucht gepaart mit Kleingeisterei im Überfluss?
Pass nur auf, was er bald macht,
Kowalke lebt in Deiner Nachbarschaft!

Der Knecht

Wunde Haut gegerbt wie Leder,
Die Furchen der Äcker, die er einst bestellt
Spiegeln sich wider im Antlitz.
Seine Tage bald gezählt.

Geknechtet für Lehnherrn,
Die Habe nur sein Gepäck.
Geschafft, nie geschaffen:
Ein Leben im Dreck.

Den Hofherrn geheiligt,
Loyal und devot.
Aufs Worte gefolgt –
Bis an den eignen Tod.

Oft in Gedanken:
Gott erbarm dich, sei gerecht!
Sein Wort nicht für alle,
Zu viele nur Knecht.

Niemals hat er geklagt oder gehasst;
Nur stille Gedanken stumm gefasst.
Warum sein Schicksal
All Leben macht´ ihm zur Last.

Die Erinnerung, ein Gedanke allein:
In ihrem Haar das rote Band.
Ein kurzer Augenblick war´s nur,
Als das Glück ihn einmal fand.

Gesungen, gefeiert, getanzt und gelacht,
Gelebt und geliebt – nicht lange nachgedacht.
Damals am Ufer, ein zarter Kuss,
Entflochten ihr Haarband, versunken im Fluss.

Ewige Treue tief geschworen,
Aufgeblüht in der Liebe selbstverloren.
Doch tugendhafte Jugend nicht versteht,
Dass die Welt sich nur in eine Richtung dreht.

Gebrochen ihr Versprechen,
Für ein besseres Leben mit dem Anderen fort,
Der Haus und Hof ihr versprach,
Nur wenig später sein Wort wieder brach.

Und dann der Moment, der alles Licht löscht aus,
Wirft seine Schatten weit voraus.
Nun liegt er da, der Knecht: entkräftet und bleich;
Allein der Tod, er bettet ihn weich.

Aufrichtig, ehrlich, nie verblendet:
Sein Atem, sein Sein.
Des Lebens Freude stets verpfändet.
Der Knecht – er stirbt allein.

Ohnmacht

Der Mensch – er strebt nach Macht und Ruhm:
Ist schier bereit, ziemlich alles dafür zu tun.
Zu klettern Stuf′ um Stuf′ hoch auf jeder Leiter,
Die führt zwar von ihm weg – doch meist nicht viel weiter.

Der Mensch intrigiert, er mordet sanft wie laut –
Sein Aufstieg ist auf dem Abstieg andrer fest gebaut.
Er konformiert, hurt und unterwirft sich mit vielen Qualen;
Fester wird dabei der Wille, dass auch einmal andere dafür zahlen.

Irgendwann, so weiß er, rechnet sich gewiss doch alles aus.
Dann lebt auch er in eitlem Saus und leerem Braus.
Die Welt in seinen Händen – man ahnt es schon:
Der nächste Psychopath auf hohem Thron.

Hat sie einer erreicht, die hohe Macht – und hält sie ganz allein;
So will er doch nur wieder kleines Kindchen sein.
Er klagt und zaudert, zeigt sich verstimmt und unberechenbar –
So wie er′s bei der Mutter auch schon immer war.

Politische Lyrik

Land der Henker

Deutschland, Du Wall der großen Dichter, Gelehrten, Denker.
Volk der Richter, Fürsten, Führer, Henker.

Hoch lebtest Du – ebenso so oft, wie Du lagst tief darnieder.
Warst grau bis bunt – und bliebst dabei doch immer bieder.
Zeit um Zeit hast auf Erden Du verbracht.
Gottes Himmel über Dir allein still wacht.

Deutschland, Du Welt der großen Dichter, Gelehrten, Denker.
Volk der Richter, Führer, Fürsten, Henker.

In deinem Atem der Geruch von mehr als tausend ewgen Jahren.
Wie´s dazu kam? Will man´s erfahren?
Nun stehst Du wieder stolz wie Eichenlaub,
Krönst selbst Dir Dein gebeutelt Haupt.

Deutschland, Du Welt der großen Dichter, Gelehrten, Denker.
Volk der Richter, Fürsten, Führer, Henker.

Keinen großen Historiker hast jemals Du hervorgebracht,
In Deiner Erinnerung scheint´s schier ewge Nacht.
Die Geschichte der Geschichte Hohn,
Und rechte Gegenwart als falscher Lohn.

Deutschland, Du Land der Steuermänner und staatstragend Lenker.
Wirst Du zu schlechter Letzt wieder zum Land der großen Henker?

Toleranzen

Ich kenne einen Mann, der stets geflissentlich zusammenkehrt:
Ja, so sieht er gewiss wohl aus – der Held am Herd.
Ein gutmenschenhafter Frauversteher,
Der Alles-auf-Schönwetter-Dreher.

Stets servil und bloß kein Machotum,
Nein, er kommt auf andere Weis zu seinem Ruhm.
Verständnisvolle Achtsamkeit scheint seine Kunst,
Statt: „Na, Kleine – wie wär´s mit uns?“

Ist er doch ein Mensch ganz postmodern von Welt,
Der das Eigene stets nur auf andere hält.
Er ist der Maso-Manne höchstdevot,
Niemals käm er in lüstern Schwerenot.

Ein perfider Kerl, dieser Gentelgender,
Und Nachwuchs zeugt er ohne ...
Müh und Not und überhaupt,
Was wird hier eigentlich geglaubt?

Er macht den Diener funktionell
Gibt´s was zu hofiern? Er ist zur Stell!
Höflichkeiten er alle bestens weiß und gewiss kann,
Eins steht dennoch fest: Er ist einfach kein Mann!

Emanzen

Drum wagen wir nun, um unseren Horizont zu weiten:
Den Blicke auf die andre Seiten.
Wer ist´s wohl, der diesen Typos heut begehrt,
Der den Mann zum Maso hat bekehrt?

Ein Blick auf seine Partnerin
Gibt einen ersten Eindruck, durchaus mit Sinn:
Ihr Auftritt derb und burschikos
Und als Beinkleid eine Anzughos.

Selbstdressierte Emanzen, gekopft samt Männerschnitt
Und doch bleibt alles gleich im Schritt.
Man sagt, sie wollten mehr für ihr Geschlechte,
Doch kämpfen sie um Männerrechte.

Gehen dabei immer in die Vollen,
Und verharren starr in alten Rollen.
Und zufrieden wären sie erst dann,
Wenn die Frau exactemente wie der Mann.

Doch darum geht´s grad nicht genau:
Sondern darum, dass die Frau sein könne Frau!
Frauenrechte für Frauen und nicht Männerwelten kopieren,
Und neidvoll das andere Geschlecht studieren.

Geschlechterkämpfe, Marktkonkurrenz und Dauerstreit:
Was Wenige freut, bleibt doch der Meisten Leid.
Drum macht nicht die Frau zum männlich Allerlei,
Macht sie ganz einfach frei!

Ungleichberechtigt

Der Mann – und gewiss – auch die Frau:
Wer Sie befehlen soll, drauf schaun wir genau.
Die Frau hat´s doppelt schwer in der Politik,
Dies geht schon auf unsere Mütter weit zurück.

Denn annehmen eine andere Frau als Matrone?
Niemals – denn das Kind kann nicht ohne
Seine Mutter sein und leben,
Somit wird´s dies später auch nicht grad sehr oft geben.

Drum nun der Geschicht Moral,
Gleich ist nichts, was gleichberechtigt allemal.
Auch wenn die Frau vieles noch besser kann,
Am End wird´s doch wieder mal ein Mann.

Korrekt und korrekter

Entwicklungslinien, die sich schneiden;
Große Geister, die sich scheiden.
Die eigene Meinung ist heut nicht mehr oft gefragt,
Doch mancher grad deshalb manches etwas lauter sagt.

Statt Diskurs nur der Diffamierung geblendet Schwert
Und die Toleranz ist ihr hehres Wort nicht wert.
Verhangen und verharrt wir bangen
Wie ein goldner Prinz, gefangen.

Als wär all das nicht wohlbekannt,
Grad in unserm geschichtlich belastet Land?
Wenn wird gelauert, bessergewusst, gehetzt und denunziert,
Unser Nächster möglichst zur Gänze ruiniert.

Nein, auch heute merkt man es wohl nicht,
Wenn erneut der Totenkranz wird geficht.
Ein einzig falsches Wort über die Lippen nur gekommen?
Sogleich wird alles Dir genommen.

Es gäb wirklich nichts zu verschwiegen?
Und schon der Himmel voll verstimmter Geigen!
Nein, wir sprechen hier nicht von der Braunen Zeit,
Auch ohne Braunhemden sind wir wieder mal soweit!

Die Inhalte andere gewiss sind geworden,
Doch geblieben ist das verbale Meuchelmorden.
Oder, um zu sprechen einmal mehr mit Goethen:
Ist solch Wahnsinn der Methode wirklich noch einmal von Nöten?

Braucht die Überwachungsmentalität diese Verlängerung?
Wo bleibt der Demokratie verbindend Schwung?
Der Mensch kann in fünf Vereinen Mitglied sein,
Wenn er ein falsches Wort nur sagt, steht er plötzlich ganz allein.

Wenn der Jungspund ein Cola-Weizen falsch bestellt,
So wirft man diesen jungen Menschen aus der Welt.
Doch – hat jemand schon weiter gedacht – wo wird er landen?
Genau dort, wo Repression und braune Blüten ihren Anfang fanden.

Wer bei kleinster Verfehlung den Menschen gleich exkommuniziert,
Schlussendlich die Gesellschaft von Grund auf fehlkonstruiert.
Wer verstößt so schnell aus der Mitte golden,
Wird später ernten braune Dolden.

Ist „Konfessionslos“ nicht Stigma und Stempel schon,
Und die Vergleiche-Suche nicht gar ein Hohn?
Weshalb nicht erziehen und anleiten, wieso nicht verzeihn?
Oder noch besser: dem Menschen Bildung angedeihn!

Krieg und Frieden

Kein Sonnenstrahl fällt ins offne Feldgrab.
Asche zu Asche und Staub zu Staub.
Erde zu Erde und Kranz zu Eichenlaub.
Im maschinern Dröhnen ein unbekannter Soldat erstarb.

Stahlschiffe gleich bewehrten Zügen.
Wehrhafte Gräben, Feuerschlösser.
Zu Tode gerittene Eisenrösser.
Wie wilde Wasser wüst die Welt durchpflügen.

Der Tod macht wieder einmal die große Beute,
Hält reiche Erntezeit.
Befällt alle hier weit und breit,
Zielt auf die ganze Menschenmeute.

Orden für das Vordringen, nicht für das Weichen,
Orden für das Töten,
Orden für das Leben.
Bei Gott: Es sind die Gleichen!

Vom Mut zum Mut

Was können Dein Geist, Deine Hände vermögen, was können sie erschaffen?
Du aber wandelst weiter nur als fahler Schemen,
All Lebensmut lässt von Schauspielenden Dir nehmen.

Lass Dich nicht verwirren, in Deinem Sein nicht tief verirren!
Hierzulande wird Dich niemand für Dein Werk und Schaffen gerne loben,
Eher wird man eifern, geifern und verbittert toben.

Halt Dich an nichts, das Dich nicht hält!
Du hast den Mond zur Sonne und das Fleisch zum Blute gemacht,
Dein Inneres veräußert, zu Zeilen werthoch vollbracht.

Sag dem etwas, der Dir nichts sagt!
Ein ganzes Land macht Dich doch nicht zum Knechte.
All Dein Leben? Ein einzger Kampf um Freiheitsrechte!

Achte dennoch den, der Dich nicht achtet!
Wirft er auch so treffend noch den Fehdehandschuh,
Lass ihn – auch er kommt bald einmal still zur Ruh.

Hilf auch dem, der Dir nicht hilft!
Erblast der vernichtend Zeitgeschichte:
Wie ein ewger Urteilsspruch genetischer Gerichte.

Halt den, der Dich nicht halten kann!
Bleiben wir am Boden und stehn wir hier niemals mehr wieder auf?
Das Urteil der Geschichte – des Schicksals ganzer Lauf?

Lieb trotzdem den, der nicht lieben kann!
Liegt´s wirklich im Gene, ist´s in unserer Erbmasse vorhanden?
Drum fördert sie – und hört auf eure Devianten!

Erzieh grad den, der nicht erzogen ist!
Nur so wird´s einmal Tag nach tausendjährger Nacht,
Wenn ihr endlich den besseren Menschen dafür macht!

Für die anderen

Ein Mensch, heimlich die Messer wetzend,
Seine Kommentare? Bissig bis ätzend!
Er tadelt nicht nur nach Alphabet,
Sein Intrigentum verläuft vielmehr querbeet.

Ob Förderantrag, Kostenverlandung oder gemeinter Eid – er weiß überall bestens Bescheid,
Legt alles offen, klagt andere an: Wir sind wieder einmal soweit!
Mauschelt lauthals aus, wer wann und wo gewesen wohl in Kino, Theater oder Sauna
Weiß von unangemeldeten Nebentätigkeiten – welch ein Trauma!

Blickt verstohlen in der Kollegen Dateien und Akten,
Durchsucht und findet manche gehaltvoll Fakten.
Wart nur ab, mein lieber, guter Faux Ami:
Ich kenn Dich wohl, mich kriegst Du nie!

Die Massenseele

Die Welt hat oft schon große Führer wohl gesehen,
Ihre Reiche selten länger pflegten zu bestehen.
Selbst heut ist oft nicht viel besser unser politisches Gewähle;
Wenn Recht und Ordnung fordert die dumme Massenseele.

Das Führersein – es scheint so leicht als gar wichtger Herr,
Wenn alles ihm gilt als Gesinde, Pöbel und Gescherr.
Das seinerseits opfert seine Freiheit und all Sein:
Massenseele – wirst Du niemals mehr rein?

Was man so macht und zu tun besser lasse:
Wer´s tatsächlich diktiert? Es ist die Masse.
Was sich gehört, nicht ziemt und einfach nicht geht.
Doch wenn man´s dann erkennt, ist´s meist zu spät!

Nachmärz

Schmeiß ihn die Treppe hinunter, weit in den Orkus hinein,
Schlag ihm die falsche, fette Fresse ein:
Dem hinterfotzigen Kapitalistenschwein.

„Sie werden doch nicht jünger!“, hat er vorwurfsvoll gesagt,
„Verkaufen´s bitte, sie sind doch schon hoch betagt!
Als Teilimmobilie – samt Unterschrift, ganz ungefragt.

Er setzt die Menschen gegeneinander ein.
Jagt die Alten aus ihrem Heim.
Verkauft ihr letztes Hab und Gut – ihr Sein.

Macht jeden guten Freund zum neuen Feind.
Entzweit im Nu, was lange schien vereint.
Angeschmiert wird man und angeleimt.

Verständnis für Verständnislose – wie soll das gehen?
Wenn alle unter des Geldes Joche stehn?
Und nicht das Teufelsbild im Scheine sehn?

So gilt einmal mehr: Wer selbst wird unterdrückt,
Ist meist mit Repression für andere gut bestückt
Und hat noch selten wen beglückt.

Da wach ich auf und merk´s noch kaum:
Alles war doch nur ein böser Traum,
Der hoffentlich zerplatzt wie Seifenschaum.

Ich schalt gleich an das helle Licht
Und denk mir still bei bessrer Sicht:
Das alles gibt´s doch hier und heut bei uns ganz gewiss gar nicht!

In der Fremde

Du bist dort, wo keiner gut den anderen kennt:
Hier bist du fremd.

Unbekannte Stimmen wiegend dich in seichten Schlummer.
Die neue Fremde kennt noch keinen Kummer.

Ungehörte Laute nimmt man im Neuland wahr,
Erkennt die Welt plötzlich wie man sie bisher niemals sah.

Eingeordnet werden neue Zeit und weiter Raum,
Und ich wandle zurück in meinen sichren Traum.

Ja, es menschelt stark, hier in der Fremde;
Fern von daheim, am Weltenende.

Offline

Ich kenne was, dass Du grad bei Dir hast,
Es spielt mit Dir, strahlt hoch zum Mast.
Begleitet Dich auf allen Deinen Wegen.
Man fragt sich nun: Fluch oder doch ein Segen?

Ein neues Event – nach Sekunden nur steht´s im Verlauf schon drin.
Doch tatsächlich gehst Du gar nicht hin.
Auch bei Gerüchten bist Du sogleich zur Stelle,
Diese spontan zu liken in Sekundenschnelle.

Geschrieben wird, was keinen wirklich interessiert:
Zum Beispiel von der Peking Ente, leicht flambiert.
Und sind´s nicht sogar leicht Geistesschwere,
Die posten ihr Nachtmahl, samt Salat und Hummerschere?

Die Videobotschaft ist hochmodern, auch darauf deshalb einen Reim:
Was man sich so zusammenideologisiert – im stillen Kämmerlein.
Verschworen, verschroben und verschoben Fakt wie Wissen,
Die Mainstreamer gleich die rechte Fahne hissen.

Andere whatsappen sich den Daumen wund,
Zu tun ihr Nichtstun weithin kund.
Darf man sich´s eigentlich noch sagen trauen?
Nicht wenige davon – es sind die Frauen!

Man goutiert, disst und winkt auch mal zu,
Bleibt stets erreichbar – ohne Rast und Ruh.
„Wenn wer was schreibt, so antwort ich – das wär ja logisch!“
Doch manchmal wirkt´s eher patho-logisch.

Ein vernünftiges Gespräch? Zusammen kommt es nicht,
Wenn jeder nur von und mit der Technik spricht.
Als ob´s sonst nichts mehr gäb im Leben analog,
So geht es, bis er bricht: der Krug zum Trog.

Immer online, strebsam und stets digitaler Fleiß,
Tatsächlich konsumiert man doch den allergrößten ...
... Schund, jawohl, der wird´s wohl sein –
Drum ist´s besser, man schalt´ erst gar nicht ein!

Einen Schalter? Wie? Den gibt´s dabei gar nicht mehr?
So sag Dir selbst: Wer ist hier Knecht – und wer noch Herr?
Das Tamagochi schimpfte man einst die neue Kinderpein.
Wie sieht´s heute aus, Erwachsener? Schaltest auch Du heut noch ein?

Immer schon

Nie anders ist´s gewesen.

Man hat´s halt so gemacht.

So scheint der Lauf der Dinge.

Es war schon immer so.

Und niemals anders darf es sein.

Immer schon – der Demut Lohn.

Wer je gelebt in Liebesarmen

Ich kenn Dich

Keiner kennt Dich so wie ich:
Deine Küsse, Dein Sehnen und all Dein Verlangen,
Dein Dunkel, Dein Dämmern sowie wie Dein Licht,
Ewiglich will ich mit Liebe Dich umfangen.

Wenn die Liebe Deinen Blick berührt,
Dann bist Du verlorn, drum gib Dich ganz hin.
Wenn Liebe Deinen schwebend Schritt Dich führt,
Nichts anderes hätte dann noch Sinn.

Tief scheint aus der Ferne manch still Gewässer,
Solange Du noch jung an Jahren.
Und ich weiß Dich doch viel besser.
Zur Hölle wolln wir später erst hinfahren!

Die Welt kennt nicht Dein Fühlen und niemand versteht Dein Sein,
Sie ignorieren Deine strahlend Kraft.
Behutsam zur Bestimmung hin, Du bist allein.
Was Dich als Mensch ausmacht.

„Mit Dir geh ich überall hin!“,
Das hatt ich tatsächlich einmal gesagt.
„Ich nehm Dich beim Wort“,
Hast später vorwurfsvoll Du geklagt.

Wie Perlen vor dem Pöbel heut,
Die allesamt nichts wissen und werden wolln.
Das Gerede der ganz kleinen Leut,
Die tagtäglich tun, wie sie grad solln.

Glücklich Liebende, das waren wir für eine lange Weile,
Doch nun, im Heute und Hiere zurück,
Wo alle Zeit verging in Eile,
Scheint´s nun vorbei mit altem Glück.

Die schöne Frau

Sie ist gesucht, der Mann muss sie haben.
Und das möglichst, bevor zu viele andere an ihr sich laben.
Der Sorte gibt´s ohnehin nicht gerade allzu viel,
Drum wird die schöne Frau zum allerhöchsten Ziel.

Dir gefällt´s schließlich, Dich mit ihr zu zeigen.
Doch wehe, wenn sich Andre nach ihr neigen!
Jemand davon sieht womöglich besser als Du aus,
Bietet mehr, lebt vielleicht in Saus und eitlem Braus.

Oder der Nächste gar von Adel, hochbetucht.
Nun regiert allein noch sie: die Eifersucht.
Guter Mann, sieh es endlich einmal ein:
Die schöne Frau, sie gehört Dir niemals ganz allein!

Frau und Mann und Mann und Frau

Aufeinander zu: Frau und Mann, sie rennen;
In blinder Gier kein Halten mehr noch kennen.
Was grad noch tief betrübt, nun himmelhoch jubiliert,
So selbstvergessen wie ausgelassen triumphiert.

Wie am Strauch eine aufblühende Rose –
Und alles Blut, es drängt zum Schoße.
Die Dornen? Nein, die sehn wir dabei nicht,
Bis man sich erstmals daran sticht.

Schweigend verstehn sie sich wie blind,
Bis erst alle Schranken gefallen sind.
Tiefe Gräben, die das Zweisein scharf durchtrennen,
Ganz allmählich voneinander weg sie rennen.

Die frühe Verliebtheit muss dem Ordinären weichen,
Am Himmel stehn schon dunkel erste Zeichen.
Nur gut, dass niemand sie versteht,
Wenn das Neue ein alter Wind schon kalt umweht.

Einmal kommt´s schließlich dazu, es ist soweit:
Begeisterung wird zu Enttäuschung und alle Liebe nur zum Leid.
Auseinander geht´s nicht so schnell, wie man zusammenkam,
Gewohnheit hält verkochte Lieb noch eine Weile warm.

Ein Traum

Einmal hatt ich etwas Sonderbares nachts geträumt,
Als hätt ich zwanzig Jahr des Lebens ganz versäumt.
Wieder neben Dir saß ich in einer gewandelt Welt,
Nur war diese gänzlich verändert und verstellt.

Aus einem Fahrzeug blickte ich wie ein staunend Kind –
Ob all der Dinge, die da draußen sind.
Für Dich war alles recht, so wie es war,
Doch mir schien vieles neu und sonderbar.

Vertauscht empfand ich Jung und Alt,
Bis zu einem plötzlichen Halt.
So überhaupt nicht sanft und gar nicht sacht;
Denn plötzlich war ich aufgewacht.

War´s mein eigner Schrei, der mich erweckt?
Zu Tode fast im Schlaf erschreckt.
Vom hellen Lichte grell geblendet.
Nicht alles scheint so, wie´s im Traume endet.

Und wie ich auch lauschte und auch hörte:
Nichts war, das die Ruhe störte.
Ganz leise drehte ich mich wieder um:
Es blieb nur Stille um mich herum.

Liebesschwur

Wenn einmal die Uhren dreizehn schlagen,
Menschen einander ins Unglück jagen,
Wir wandeln in dunklen Gassen, finster und feucht,
Dann erst unser warmes Licht erleucht.

Wenn drohend sich der Himmel neigt,
Aus Dunst kalt der Argwohn steigt,
Die Engel Höllenlieder singen,
Und Stimmen wie von Stahl erklingen.

Die Unbeseelten seelenlos walten,
Als ekle Fratzen ihr Gesicht entfalten,
So sollst Du wissen, dass auch dann
Du mich immer ziehst in Deinen Bann!

Gleich einem Meertier, das im Nass nur leben soll,
Einem zerbrochenen Kruge ähnlich, der nimmermehr wird voll.
Wie einer von Gott und der Welt verlassenen Gestalt,
Würd´s mir ergehen, wenn ich Dich nicht mehr halt.

Auch auf drei Beinen kann man dreiviertelwegs wohl leben,
Nur geht so mancher Schritt leichter daneben.
Nicht weiter will ich zeichnen ein solch gar schrecklich Bild,
Bevor ich nicht weiß, wozu Du mit mir gewillt.

Womöglich mag Dich dies befremden,
„Wozu soll ich es verwenden?“
Ich bin nicht blind, noch bin ich taub,
Du sollst nur wissen, dass ich fest an Dich glaub.

Ob Hitze Dein Haut versengt,
Eiseskälte die Schneenacht verdrängt.
Oder kalter Regen Dich durchweicht,
Mein tiefer Geist überall Dich erreicht.

Dahin fließt ein Leben, geht seinen Lauf,
„Hübsche Mädchen wachsen immer auf!“,
So wird mir geraten, stets nach vorn zu schaun,
Es gäb doch noch so viele andre Fraun!

Nicht ist´s der Starrsinn, noch wär ich stur,
Auch keine selbstsüchtge Tragik, nur:
Jede andere Frau an Dir gemessen,
Macht Sie sogleich wieder vergessen.

Traurig scheint´s, doch meist zieht die Masche:
Derber Prolet steckt feinsinnig Denker in die Tasche.
Wenn auch der Satz so niemand recht gefällt:
Den Getriebenen gehört die halbe Welt.

Nie Stärke, nur Schwäche wird heut hinterfragt,
„Mach bloß nicht mit!“, sei Dir gesagt.
Blick in den Spiegel und Du wirst sehn,
Wie selten man gewillt ist, mehr zu verstehn.

Doch einmal bringt die Zeit auch Rat:
Was Schein, was Sein – was Rede nur und was Tat.
Drum den Geist, den Du kannst verstehn,
Lass niemals in Dir untergehn.

Wie auch ein nur schwelendes Feuer wird einmal zu Asche,
So kannst auch Du gehn mit einer Flasche,
Doch ob jemand tiefgründig oder nur oberflächlich nett,
Stand noch niemals auf dem äußeren Etikett.

Gewiss – ich weiß längst nicht alles über Dich,
Doch Gestik, Mimik sowie Dein liebes Gesicht,
Und was darin geschrieben steht,
Zeigt doch genau, worum´s beim Lieben geht!

Glaub Dir selbst nicht, dass die Lyrik Dich nicht berührt,
Du wärst nicht die Erste – von Gedanken und Sprache sanft verführt.
Vertrautheit, zartes Händeringen,
Tiefer Grund in allen Dingen.

Kann noch längst nicht alles sein,
Drum mach mich Dein.
Mach die tiefe Liebe wahr,
Heute, jetzt und immerdar!

Ganz bei Dir

Dein Gedeihn, Dein Werden.
Dein Trachten, Dein Streben.
Dein Wirken hier auf Gottes Erden.
Dein Aufblühen, Dein Leben.

Du sollst wachsen und gedeihn,
Ja, gewiss nur so ist´s wohl richtig:
Wenn Du selbst bleibst immer Dein.
Leb um zu leben – nur das ist wichtig!

Mein Wort

Nur Du allein bist es mir wert,
Zu schreiben bis die Sehne zerrt.
Gicht die Finger seitwärts krümmt,
Und Blut die Tinte rot verdünnt.

Dann erst, wenn es einmal wirklich nicht mehr geht,
Auf dem Bogen nichts geschrieben steht,
Leg ich den Füller aus der Hand,
Fest im Glauben, dass uns das Wort verband.

Bis dahin noch vieles muss wohl weilen,
Zeit genug für weitere simple Zeilen:
Nicht der Mond, kein Stern wird je Strahlen so Licht
Als ein Lächeln auf Deinem Gesicht.

Und wenn Dich einmal Schönheit, Anmut und Blüte verlassen,
So werd ich sanft Deine Taille umfassen.
Wenn im Spiegel das Bild Deiner Jugend verbleicht,
So wird ich schwören, dass es an Dir mir noch längst nicht reicht.

Dich verlassen oder gar verraten?
Machen ungeschehen begangene Taten?
Lieb und Treu zu lassen von Dir?
Niemals! Mein Wort und Blut geb ich dafür.

Umzug nach Hause

Zu verreisen mit manch zickig Frau?
Wahrlich – das ist keine große Schau!
Allein schon das Ziel macht meist große Sorgen:
Krieg gäb`s angeblich im Land der tausend Morgen.

Von der Ferne Madame nichts Gutes zu sagen weiß:
Zu unsicher, zu gefährlich und vor allem: viel zu heiß!
Als Prellbock sie den Gatten deshalb mit sich führt,
Ehre dem, wem diese Ehre wohl gebührt.

Jede Reise mit ihr? Eine vorschnell endend Episode,
Wie ein Trip zum Feind, zur Antipode.
Wo angeblich kein Mensch den andern kennt
Und niemanden beim Namen nennt.

Man hat es schlichtweg nicht mehr in der Hand,
Reist man zu weit ins ferne Land.
Drum in ihrer Suite wenigstens, die Frau von Welt,
Die Möbel gerne hätt ein wenig umgestellt.

Auch passt ihr dort nicht die eine oder andere Weise;
Nein, Madame geht nicht grad gern auf große Reise.
Zu vieles neu und unbekannt,
Zu viele Fremde dort im fremden Land.

Eitel Macht-Erleben im sicherem und schützend Heim:
Das gibt´s eben doch nur ganz bei sich allein.
Sie liebt bloß die kleine Welt, wie sie ihr so grad gefällt,
Und vor allem eines: ihren Pantoffelheld.

Jugend

Jugend – gebettet in den Schoß der Deinen,
Siehst Du des Himmels Blau, ganz oben scheinen.
Als wär´s zugleich Lachen und auch Weinen.

Jugend – geborgen wie ein Kind im Mutterschoß, Dein Sein,
Das Herz noch gut und fast wie Fruchtwasser rein.
Bald gehst Du weiter ganz allein.

Jugend – nur dem Tag heut Du verpflichtet,
Harrst doch der Dinge unverrichtet.
Leicht wird manches Schwere wohl gewichtet.

Jugend – zollt der längeren Vorschau selten,
Zwischen Erwachsentun und Kinderwelten
Und wer nichts ist, der will was gelten.

Neulich

Neulich betrachtete ich ein altes Bild von Dir.
Ein Zufall war´s, dass wir uns dabei nochmals trafen.
Ganz plötzlich und unerwartet standst Du wieder vor mir:
Und noch immer würd ich so gerne Dich beschlafen.

Wenn Du heute wieder so wärst wie auf dem Bild –
Mir weiter auszumalen? Ich wag es kaum.
So manch Gelüste führt ich wohl im Schild.
Doch zu schnell zerplatzt ein solch unerfüllbar Traum.

Jedoch die Begierde allein – sie war es nicht;
Das mag der Jugend Gestüm gewesen sein.
Noch viel mehr les ich heut´ in Deinem Gesicht.
Ich vermisse Deine Seele, so unschuldig weiß und rein!

Noch nie hab ich Dich so gesehen,
Obwohl ich Dich wie auswendig gekannt.
Niemals konnt´ ich Dich so gut verstehen
Und fühl heut noch alles, was ich an Dir mal fand!

Abschied ohne Wiederkehr

Gestern bist Du noch geschlichen – wenn auch auf leisen Sohlen,
Heut schon will der Luzifer Dich holen.
Kein Halt in Besitz, Ruhm oder im großen Geld,
Behänd wirft er Dich aus Deiner alten Welt.

Selbst der warme Sonnenschein – er ist ein anderer an diesem Tag.
Die Sonne scheint fast so, als ob sie Dich nicht mehr mag.
Denn der Tod, der den längsten Weg nie entlohnt,
Macht alles vergeblich, was tief in Dir wohnt.

Es wird kommen einmal solch ein verhängnisvoller Tag,
So einer, der Dich so überhaupt nicht mag.
Der Deine Taten, Wünsche und all Deine großen Pläne
Zersägt und zerstäubt in abertausend Späne.

Am Leben ist doch alles nur zu messen –
Ausgetanzt, verleibt und fast schon vergessen.
Und einmal bist auch Du nicht mehr:
Abschied ohne Wiederkehr.

Segensreiche Vergangenheit

Ich kenn eine Erinnerung, die packt mich schwer,
Mir ist es dann, als ob´s erst gestern gewesen wär.
Grad so, als sei´s ein anderer, der dort agiert,
Als ob man sein Selbst an ihm verliert.

Doch ich fühl´s und weiß in allen Sinnen,
Dem, was einmal gewesen, niemand kann entrinnen.
Es packt mich schwer die vergangene Zeit.
Mir ist wie glücklich Trauer, wie gemeinsam Freud und Leid.

Längst verlornes Fühlen wird wieder munter,
Ein schwarz-weißer Film im Kopf wird bunter.
Bis ins Mark zieht hinein der Schmerz der Zeit,
Lass sie leben: segensreiche Vergangenheit!

Wissenswertes: Printmedien, Lyrik und Literatur

Auf dem Weg zur Erkenntnis: Der Stellenwert von Büchern

„Beim Wörterfinden erkenne ich den Sinn dessen, was mir widerfahren ist.“[3] *Worte sind schließlich der Seele Bild.*

„Man solle nicht alles glauben, was man denkt!“ – so lautet ein kabarettistischer Spruch, der stets für sichere Lacher sorgt. Dieser hat aber tatsächlich auch einen wahren Kern, denn gedacht und gesagt ist leicht etwas – dasselbe aufzuschreiben und auszuformulieren erfordert dagegen ein weit höheres Maß an geistiger Auseinandersetzung: das Geschriebene wird ein für alle Mal fixiert und damit intersubjektiv nachprüfbar; es hält ewig – auch weiß man nicht, wer (und vor allem – wann) dies einmal lesen wird.

Wir müssen beim Schreiben also vielmehr mitdenken! Beim Gespräch hingegen kann es zwar ebenso geschehen, dass unsere Meinung weitergegeben wird – aber es ist doch ein anderer, der dies dann stellvertretend macht; es kommt aus seinem Munde!

Dass das Schreiben doch etwas anderes ist als (gut) zu sprechen, merkt man besonders bei so manchem Medienmenschen, Redner, Kabarettisten oder auch bei Politikern: Immer wieder wird man enttäuscht, wenn man sich ein Buch von einem der eigentlich findigeren Menschen solcher Berufssparten zulegt; dies dürfte dann wohl den Unterschied darstellen, welcher zwischen scharfzüngig und scharfsinnig tatsächlich besteht. Ein besonders gutes Buch erkennt man – darüber hinaus betrachtet – auch daran, dass dessen Leser eine gewisse Scheu entwickelt, dieses ein weiteres Mal zu lesen – weil es ihm dann womöglich nicht mehr genau so gut gefallen könnte wie bei der Erstlektüre.

„Viele Denker schreiben vornehmlich über das, was ihnen abgeht und was sie für sich selbst – oder für andere – zu erreichen suchen.“[4]

Vielleicht haben Sie schon einmal die Erfahrung gemacht, dass Sie einen Film gesehen und anschließend erst das betreffende Buch gelesen haben, welches die Grundlage für diesen Film war. In fast allen Fällen finden wir dann das Buch nicht mehr so gut wie den Film.
Wenn man dies nun aber andersherum macht, also zuerst das Buch liest, so kommt man meist zu einem anderen Urteil. Das liegt daran, dass wir im Buch selbst unsere Fantasie und unser Eigenes einbringen können, während wir beim Betrachten des vorgegeben Films nur passive Konsumenten sind. Wenn eine Hauptdarstellerin dort z.B. groß, schlank, blond und blauäugig von einer Schauspielerin gemimt wird (welche wir womöglich bereits in anderen Rollen gesehen haben), dann bleibt sie das auch in unserer Rezeption – da können wir uns noch so anstrengen; dieses Bild werden wir nicht mehr los. Im (guten) Buch hingegen nimmt der Autor den Leser mit und lässt ihm seine Freiheiten, sodass er seine eigenen Lebenserfahrungen einbringen kann.

Kritische Literatur unerwünscht?

„Warum schreibst du so etwas?" bzw. „Warum schreibst du überhaupt?", wundern sich nicht manche: „Lohnt sich das finanziell eigentlich?"

Die letzte Frage ist so einfach wie direkt beantwortbar: Nein – das tut es nicht! Doch nicht alles im Leben sollte man bevorzugt deshalb machen, damit es sich in barer Münze auszahlen möge. Längst nicht mehr jeder kann heutzutage allerdings verstehen, dass man ein Buch nicht des Geldes, sondern des Inhalts wegen verfasst. Selbst die Verfügbarkeit ihrer Bücher in Büchereien betrachten manche Autoren als kommerziellen Nachteil: „Da kauft doch keiner mehr dein Buch, wenn man es bereits ausleihen kann!" Doch entscheidend ist für mich – wie für viele weitere Autoren – nicht vorrangig, dass dieses gekauft, sondern vielmehr dass es gelesen wird! In einer Marketing-Gesellschaft jedoch zählt etwas anderes: „Es kommt in erster Linie darauf an, dass man die Güter und sich selbst wie Waren erfolgreich verkauft."[5]

„Und wer liebt – tut der selbst auch lieb?
Den Bücherschnorrer – besser: Dieb?
Schier ist es tragisch – wo grad er
Der ideale Leser wär."[6]

Mir wurde sogar einmal empfohlen, meine wissenschaftlichen Erkenntnisse in einen Roman zu packen, weil sich dieses Genre besser verkaufen würde. In der Tat ist dem so – dazu braucht man sich nur einmal das Portfolio der

Agenturen anzusehen, die mit Autoren zusammenarbeiten und renommierten Verlagen ihre Exposés anbieten. Dort gibt es unter zwanzig namhaften Agenturen vielleicht drei, die überhaupt Sachbücher aufnehmen – und das lediglich am Rande.

Bei einem guten Buch aber geht es nicht um den Preis, der außen draufsteht, sondern um den Inhalt, der innen drinsteht. Etwas schriftlich zu verfassen, formt nämlich die eigenen Gedanken so, dass andere – aber auch wir selbst – diese besser zu verstehen lernen. Erst dann, wenn man für andere schreibt, kommt die tiefere Wahrheit des eigenen Denkens ans Licht. Man schreibt somit nicht vorrangig deswegen, um anderen zu sagen, was man erkannt hat; sondern auch deshalb, um zu erfahren, was man selbst weiß; dies mache ich als Autor und Praktiker des Lebens vor theoretischem Hintergrund.[7]

Wenn schon nicht der große – und oft nicht einmal der kleine – finanzielle Reibach mit Buchveröffentlichungen gemacht werden kann, dann müsse eine Buchveröffentlichung doch wenigstens anderweitig etwas einbringen: eine Weiterqualifikation, höheres berufliches Renommee oder gar eine Habilitation – auch so wird heute gedacht. In solchen Motivfällen aber würde ein Buch lediglich als Mittel zum Zweck eingesetzt; eine Professur beispielsweise sollte schließlich der wissenschaftlichen Arbeit dienen und nicht die entsprechende Arbeit dem Zugang zu höheren akademischen Weihen.[8]

„Schreib doch mal etwas Kommerzielles, womit man auch richtig Geld verdienen kann!" – auch das wurde mir schon das ein oder andere Mal geraten. Übertragen wir diesen Gedanken deshalb auf die Musik: Sollte ein begabter Musiker sich dafür hergeben, billige Bierzelt-Schlager zu verfassen? Wäre er dann überhaupt noch ein ernsthafter Musiker, wenn er aus seinem Talent so etwas Banales machte?

„Woran ich leide, wenn ich am Schicksal der Musik leide! Daran, dass die Musik um ihren weltverklärenden Charakter gebracht worden ist, dass sie Décadence-Musik und nicht mehr die Flöte des Dionysos ist."[9]

Den unserer Gesellschaft zu Grunde liegenden zumeist kapitalistisch determinierten Utilitarismus als ein reines Zweckdenken sowie die betreffende Marketing-Orientierung haben wir scheinbar so sehr verinnerlicht, dass uns andere Motive als Geld und Gewinn schon nicht mehr in den Sinn kommen. Ein davon abweichendes – ein natürliches und psychisch normales Denken – wird kaum mehr verstanden und deshalb in der Abwehr schnell einmal voreilig mit der Projektionsfläche des „Radikalen" versehen. Tatsächlich radikal ist jedoch das geschilderte Zweck- und Gratifikationsdenken. Eine diesbezügliche Nachfrage müsste ohnehin weniger lauten: „Warum schreibst du so etwas?", sondern vielmehr: „Warum denkst du so etwas?"

Die Unfähigkeit sich auszudrücken, ist zudem auf das Engste mit der Unfähigkeit verbunden, selbstständig zu denken. Schreiben öffnet den Geist! Ein verfasstes Buch soll folglich auch andere aufrütteln, aus ihrer Lethargie befreien und zum eigenen Denken anregen; denn das Bücherlesen fördert das Nachdenken, eine Rede hingegen lediglich das Zuhören.

Literatur ermöglicht es darüber hinaus auch, einen gewissen Abstand zur Gegenwart zu schaffen, mit der Vergangenheit in Verbindung zu treten und sich in andere Lebenswelten einzufühlen. Man kann über das Medium Literatur dabei sowohl zeitlich als auch räumlich mit der gesamten Menschheit in Verbindung treten. „Ein Mensch, der sich dieser Verantwortung bewusstgeworden ist, die er gegenüber dem auf ihn wartenden Werk hat, ein solcher Mensch wird nie imstande sein, sein Leben hinzuwerfen. Er weiß eben um das „Warum" seines Daseins – und wird daher auch fast jedes „Wie" zu ertragen vermögen."[10]
Es gibt den bekannten einschlägigen Satz: Jeder will die Information, aber niemand den Informanden – wobei man unter Letztgenanntem zumeist etwas anderes als den Autor eines Buches versteht: eher einen Spion oder einen Spitzel. In eine solche Rolle kann aber auch ein Buchautor durchaus geraten, wenn sich manche Menschen beispielsweise von der in Büchern aufgezeigten Realität bedroht fühlen: „Sogar die aus gutem Willen und in ihrem Interesse ihnen angebotene Information weisen sie aufs Heftigste von sich. Wenn die Menschen hören, was sie nicht hören wollen, werden sie wütend; sie wollen sozusagen Zeugen der Tat entfernen."[11] Etwas geflissentlich zu überhören, stellt dabei eine alternative Form des Widerstands dar. Mittlerweile hat sich diese Haltung soweit verschärft, dass man oft nicht einmal mehr die Information über die jeweilige Situation oder gar die Analyse des betreffenden Sachverhaltes ertragen kann – die Aufklärung gilt heute allgemein als unerwünscht. Man macht in diesen Fällen den Berichtenden für das mitverantwortlich, was man selbst an einem solchen angesprochenen Thema fürchtet.

Doch der Autor eines gegenwartskritischen Werkes spricht lediglich aus, analysiert und erklärt das, was bereits besteht – er ist der Überbringer einer womöglich (un-)frohen Kunde und nicht deren Verursacher. Dieser Mechanismus unterliegt jedoch auch einer falschen Projektion. Denn das, was man selbst in eine Situation hineinträgt, spiegelt man auf den anderen zurück, der die Situation beschreibt. Dieses Phänomen macht schließlich nicht selten sogar den größeren Anteil einer solchen reaktiven emotionalen Empfindung aus.
Das Lesen ist für mich ebenso wie das Schreiben und das Denken ein Teil meiner Aufgabe als Schriftsteller. Ich lese gewiss auch zum Vergnügen, aber überwiegend ist mir das Lesen zur angenehmen (!) Arbeit geworden. Wenn ich zum Beispiel einmal Bücher lese, die mich ausschließlich ablenken, dann bleibt die literarische Arbeit dennoch bestehen; das ist nichts anderes, als wenn jemand an seinem Arbeitsplatz im Internet surft, anstatt z.B. eine auf die Bearbeitung wartende Abrechnung in Angriff zu nehmen. Man bedenke dabei dennoch folgenden Warnhinweis Friedrich Nietzsches: „Der Gelehrte, der im Grund nur noch Bücher „wälzt“, verliert zuletzt ganz und gar das Vermögen, von sich aus zu denken.“[12]

Schriftgelehrtheit und Intelligenzhass

„Hätte ich die Zeit überstehen können, wenn ich nicht eine Zeile hätte schreiben dürfen?“[13]

Schreiben wurde für Anne Frank „lebensnotwendig, überlebensnotwendig. Schreiben gab ihr die Möglichkeit, sich darzustellen, aus Wörtern ein Bild von sich und der eigenen Position in der Welt zu malen."[14]

Mit dem Schreibprozess stellt sich im Gegensatz zum bloßen Aussprechen stets ein positiver Effekt ein, weil „Schreiben heilt. Und Nicht-Schreiben zermürbt."[15] „Am meisten erreicht man, wenn man den Lustgewinn aus den Quellen psychischer und intellektueller Arbeit genügend zu erhöhen versteht. Das Schicksal kann einem dann wenig anhaben."[16] Der amerikanische Schriftsteller Mark Twain proklamierte immer wieder: Schreib, was du weißt!
Neben einem manchmal sogar therapeutischen Für-sich-selbst-Schreiben gibt es allerdings viele weitere Adressaten, welche dem jeweiligen Autor nicht in allen Fällen bekannt bzw. bewusst sind. Mancher schreibt für eine bestimmte Zielgruppe, ein anderer vielleicht für eine Klientel, welche die entsprechende Bücher selbst gar nicht liest, welcher der Verfasser mit der Veröffentlichung aber zu helfen sucht (etwa beim Tierschutz oder bei der Entwicklungshilfe); doch auch primär für Rezensenten wird nicht gerade selten geschrieben – man verfasst dabei vorrangig so, dass es gute Kritiken geben solle und ein Buch sich entsprechend verkaufen möge.

Als der 81-jährige Historiker Simon Dubnow, Verfasser einer zehnbändigen „Weltgeschichte des jüdischen Volkes" am achten Dezember 1941 in Riga zu seiner Erschießung abgeholt wurde, soll er im letzten Moment den anderen Juden zugerufen haben: „Schreibt alles auf!"[17]

„Größer ist der Hass der Leute aus dem gemeinen Volk gegen einen Schriftgelehrten, als der Hass der weltlichen Völker gegen Israel.“[18]

Auch dem Faschismus war der Intelligenzhass das „einzige Mittel, um die Schäden der Gesellschaft zu kompensieren.“[19]

„Ich wünsche mir einen Leser, der meine Worte nicht nur dazu benutzt, Wissen zu sammeln, sondern der sich anregen lässt, sich genauer und intensiver zu betrachten, also einen Leser, der abschweift, der nicht nur konzentriert liest, sondern Gedanken in das Buch schreibt, Unterstreichungen macht, Ideen an den Rand schreibt oder das Buch zur Seite legt und sich seinen in ihm aufsteigenden Empfindungen überlässt.“[20]

„Noch kann niemand recht daran glauben, dass einem buchstäblich alles weggenommen wird. Da versuche ich, einen der alten Häftlinge ins Vertrauen zu ziehen. Ich pirsche mich an ihn heran, weise auf eine Papierrolle in der Brusttasche meines Mantels und sage: „Du, pass auf! Hier habe ich ein wissenschaftliches Buchmanuskript bei mir – ich weiß, was du sagen wirst – ich weiß: mit dem Leben davonkommen, das nackte Leben hinwegretten, ist alles, ist schon das Äußerste, was man vom Schicksal erbitten darf. Aber ich kann mir nicht helfen, ich bin eben so größenwahnsinnig und will mehr. Ich will dieses Manuskript behalten, irgendwie erhalten – es enthält mein Lebenswerk; verstehst du mich?“

Da beginnt er zu verstehen, jawohl: zu grinsen beginnt er übers ganze Gesicht, erst mehr mitleidig, dann mehr belustigt, spöttisch, höhnisch, bis er mit einer Grimasse mich anbrüllt und meine Frage mit einem einzigen Wort, das er herausbrüllt, quittiert, mit jenem Wort, das als das Wort im Sprachschatz des Lagerhäftlings seither immer wieder zu hören war. Er brüllt: „Scheiße!!" Da weiß ich, wie die Dinge (in Auschwitz – der Verf.) stehen."[21]

Vitamin L

„Das Buch war die Gegenmacht zu jener Macht, die aus den Gewehrläufen der Tyrannen kam. Noch heute fürchten Diktatoren das Buch. Noch heute haftet dem Buch der Geist des Humanismus an und scheuen sich Menschen, welche sich ein Gefühl für diese Herkunft bewahrt haben, ein Buch einfach in den Müll zu werfen."[22]

Sie dürften als Leser bereits beim Lesen der Kapitelüberschrift bemerkt haben, dass es sich beim „Vitamin L" nicht um ein neu entdecktes Wundermittel aus der Apotheke handelt, sondern um etwas, wonach man anderswo suchen muss: am besten in Buchläden bzw. in Büchereien.[23] Literatur kann also durchaus auch als Medizin verstanden werden: „So schmerzlich die Inhaftierten ihre Vorstellungen von der Lagerhaft auch korrigieren mussten – die Bücher behielten für sie ihren Wert, und das Lesen entwickelte sich zu einer spezifischen Form geistigen Widerstands gegen die Unterdrücker. Als sicher kann gelten, dass die Möglichkeit, lesen zu dürfen, für manchen Gefangenen überlebenswichtig war.“[24] „Ich fing an zu begreifen, dass Bücher als Wächter gegen Schwächeanfälle und Feigheiten taugten, als Heilkraut gegen die Schrammen täglicher Bosheiten, als Flammenwerfer gegen die Verwüstungen einer vollkaskoversicherten Windel-Gesellschaft.“[25]

Als ich den Erblass meines Vaters sichtete, fanden sich dort mehrere Bibeln – obwohl bekanntlich in jeder davon dasselbe steht und man selbst zum „Stereolesen“ höchstens zwei davon benötigt, brachte ich es dennoch nicht fertig, ein solches zerfleddertes Exemplar wegzuwerfen. Wobei ich einräumen muss, dass das ad Acta- bzw. ad Altpapier-Legen bei den Bergius- und Konsalik-Romanen doch etwas leichter fiel und die Gewissensbisse sich danach auch sehr in Grenzen hielten!

Weshalb wird in Bücherkisten, die z.B. in Stadtparks aufgestellt sind, immer wieder uriniert oder sogar defäkiert? Wieso aber bleiben Zeitungskisten davon verschont?[26] Selbst diese Feststellungen sprechen letztlich doch wieder für den Wert von Büchern – denn die Antwort lautet: Bücher stehen auch für einen Geist, den man selbst nicht mehr besitzt bzw. nicht mehr zu besitzen glaubt: Bücher werden bekämpft, weil mancher sein eigenes Denkvermögen abgespalten hat und sich folglich vom denkanregenden Buch bedroht fühlt; daher muss aus seiner Sicht das Abgespaltene und plötzlich wieder drohende Denkvermögen im Buch beseitigt werden. Dementsprechend sind auch Bücherverbrennungen ein Musterbeispiel für nekrophiles Verhalten – und dort, „wo man Bücher verbrennt, verbrennt man am Ende auch Menschen“.[27]

Wir erkennen also: Literatur ist nicht gleich Literatur! Mit Zeitungen werden zudem viel mehr Menschen erreicht: Welche geringen Möglichkeiten der Reichweite hat ein Buch demgegenüber, die Meinung durch die Wiederholung zu beeinflussen? Für welches jahrelang recherchiert wurde, das erst einmal geschrieben zu sein hat sowie mehrmals Korrektur gelesen wird und für dessen Veröffentlichung ein Verlag gefunden werden muss: gegenüber einer Zeitung, die samt Online-News dreihundertmal pro Jahr in ihrem Verbreitungsgebiet flächendeckend erscheint und immer wieder aus derselben politischen Perspektive urteilt?

„Es ist ein großer Unterschied, ob ich lese zu Genuss und Belebung oder zu Erkenntnis und Belehrung."[28]

„Bücher sind nicht dazu da, unselbstständige Menschen noch unselbstständiger zu machen, und sie sind noch weniger dazu da, lebensunfähigen Menschen ein wohlfeiles Trug- und Ersatzleben zu liefern. Im Gegenteil, Bücher haben nur einen Wert, wenn sie zum Leben führen und dem Lebenden dienen."[29]

„Ich habe in dieser Woche sehr viel gelesen und wenig gearbeitet. So muss man es tun, so wird man sicher weiterkommen!"[30]

Zwischen 1850 und 1950 wurden in den USA massive Anstrengungen unternommen, um Bücher als Kulturträger zu etablieren und eine zur Schrift orientierte Mentalität zu entwickeln.[31]

„Ich kann den Tag fast nicht erwarten, an dem ich in den öffentlichen Bibliotheken alles nachschlagen kann.“[32]

„Das in Büchern niedergelegte Denken und Wesen der Autoren aller Zeit ist nichts Totes, sondern eine lebendige, durchaus organische Welt.“[33]

„Blut ist zwar ein ganz besondrer Saft,
Doch hat auch Tinte ihre Kraft.“[34]

„Wofür wir Worte haben, darüber sind wir auch schon hinaus.“[35]

Ein Buch ist des Weiteren auch durchaus als eine geistige „Waffe“ zu verstehen, welche sich ohne viel Zutun wie von selbst sowohl gegen die Repression als auch gegen eine Veroberflächlichung richtet; denn wie schreibt der Zeitzeuge (und Mitmacher!) Albert Speer so treffend über die Macht-Gängelung und Observation im Dritten Reich: „Alles konnte man mit Regiekünsten steuern – den einsamen Leser in seinen vier Wänden nicht.“[36] Auch nicht ganz ohne eigennützigen Grund wurde das von der Nazi-Ärztin Johanna Haarer veröffentlichte Buch „Die deutsche Mutter und ihr erstes Kind“ aus dem Jahr 1941 im Dritten Reich hunderttausendfach an junge Eltern überreicht.[37] Umgekehrt wurde in der Postmoderne ebenso versucht, Hitlers konstruiertes Ideologie-Manifest „Mein Kampf“ vom freien Büchermarkt fernzuhalten, weil man den Leser auch hier mit der Rezeption trotz aller intendierenden Kommentierungen dennoch auf sich selbst gestellt lassen muss, sodass keine wesentliche Form der Einflussnahme auf Grund fehlender Interaktivität des traditionellen Buches mehr möglich ist. Demokratische Literatur wurde von Hitler verbrannt und die hitlersche Literatur würde von uns Demokraten am liebsten erneut verbannt werden: bemerkenswerterweise beides aus ein- und demselben Grund – demjenigen fehlender Kontrolle.

Das Netz schläft niemals

„Die Literatur verdirbt sich nur in dem Maße, als die Menschen verdorbener werden."[38]

Im Zusammenhang mit möglicher Einflussnahme gilt es, noch einen weiteren wichtigen Aspekt zu erörtern; denn auch bzw. ganz besonders heute, wo digitale Leaks und Lecks einer der größten Machtfaktoren geworden sind, schützt ein Buch wie nichts anderes vor ungebetenen Spy-Software-Gästen und vor unerwünschten Mitlesern – der analoge Buchleser bleibt anonym und frei. Zu ergänzen wäre damit für die Postmoderne also noch, dass das Lesen von Büchern heimlich, still, leise und unbemerkt vom digitalen „Big Brother" stattfinden kann. Dementsprechend sollte die prospektive Prophezeihung, dass die wenigen digitalen Monopolisten im eigenen finanzwirtschaftlichen Sinne die Welt der traditionellen und gedruckten Bücher abschaffen wollen, heute kein großes Erstaunen mehr hervorrufen. Wie will jemand schließlich unbemerkt ein eBook lesen? Beim eBook kann zudem Unerwünschtes bereits durch die Software beim Upload erkannt werden.

Texte mit Worten wie „Lügenpresse“ oder „Konzentrationslager für Tiere“ dürften dann wohl sofort gesperrt werden.[39] Wer die mediale Macht hat, schafft hierbei an und gibt vor, was zu seinen Zwecken erlaubt sein soll und was nicht. Wenn man als monopolistischer Unternehmer den digitalen Buchmarkt in seinen Händen hält, kann man auch darüber bestimmen, was gelesen, was verkauft, was beworben und schließlich sogar, was überhaupt veröffentlicht wird.[40]

Das Internet gilt als eine 24-Stunden-Shopping-Mall: Wer dieses Buch beim Online-Monopol-Marktführer gekauft hat, sorgt zwar einerseits dafür, dass Arbeitsplätze geschaffen bzw. erhalten werden – allerdings weniger dort, wo das Buch gefertigt wurde, sondern vielmehr in den USA. Sicherlich werden auch hierzulande vor Ort für die Verpackung und die Logistik Arbeitskräfte benötigt – dass diese jedoch oft nur für zwei Monate zum Weihnachtsgeschäft (z.B. aus südeuropäischen Ländern) als unqualifizierte Lohnsklaven eingekarrt werden; das ist die andere und weitaus weniger schöne Seite der Monopol-Vertriebs-Medaille.

Demzufolge verdient ein Verlag, der schließlich das wirtschaftliche Risiko einer Publikation trägt, heute anteilmäßig gegebenenfalls sogar weniger als ein übergroßer Vertriebsmonopolist, dessen einzige Leistung darin besteht, andere vom Markt verdrängt und sich eine marktprominente Stellung verschafft zu haben. Ein Autor, also der tatsächliche Schöpfer, Erzeuger bzw. geistige Vater eines Werkes, ohne den es keine einzige Seite des betreffenden Buches geben würde, erhält am Ende der Nahrungskette den kleinsten und einen oft minimalen Prozentsatz. Dieses

Verhältnis ist umgekehrt aber auch ein Beispiel dafür, dass der Verbraucher die Macht hat bzw. hätte; denn im Buchladen vor Ort, der sowohl dem jeweiligen Verlag und damit auch dem Autor ein Mehr an Prozentsatz vom Erlös zugesteht, wären die Bücher über die Barsortimente ebenso schnell verfügbar wie beim Online-Giganten – aber es ist für viele Konsumenten eben bequemer, wenn der Lesestoff per Paketdienst direkt nach Hause in den Postkasten geliefert wird. Tatsächlich könnte und sollte das, was der Monopolist mit dem großen A macht, ebenso sinnvollerweise besser vom Staat geleistet werden. In diesem Fall würden die generierten Erlöse wenigstens der eigenen Bevölkerung im Kreislauf der Volkswirtschaft wieder zu Gute kommen.

„Noch gibt's – und auch nicht erst seit gestern –
Buchläden in den kleinsten Nestern,
In denen Sortimenter tapfer,
Ausharren als Kulturverzapfer.“[41]

Nicht übersehen werden sollte auch, dass sich wissenschaftliche Publikationen vorrangig an Institute, Bibliotheken und Archive richten – und diese sind analoger Art und (noch) keine digitalen Datenbanken. Was wissenschaftliche Veröffentlichungen betrifft, besteht bei der bestehenden Monopolisierung des weltweiten Buchmarktes darüber hinaus auch das Problem, dass von diesem privatwirtschaftlichen Primat des Gewinnstrebens die Diversität und Vielfalt der insbesondere wissenschaftlichen Literatur untergraben werden dürfte. Wenn einmal aus ökonomischen Gründen alle Bücher aus dem Verkaufssortiment genommen werden, welche eine bestimmte jährliche Verkaufsmarge nicht erreichen können, dann wird dies vor allem die wissenschaftlichen Publikationen betreffen. Damit wird durch privates Gewinnstreben auch ein negativer Einfluss auf die geistige Vielfalt einer Kulturgesellschaft im Sinne einer mainstreamartigen Denk-Monopolisierung genommen.

Der virtuelle Analphabetismus

Wenn heute jemand am Badestrand liegend mit einem Bleistift „bewaffnet" ein Buch durcharbeitet, so fällt der Betreffende im Heer der Smartphone-Junkies schon mehr oder minder unangenehm auf.[42] *Es wird wohl einmal so weit kommen, dass man einen gefährlich-kritischen Gedanken am besten zwischen zwei Buchdeckeln verstecken kann – denn dort schaut bald kaum mehr jemand nach!*

In der Postmoderne macht sich also dank Internet und Smartphone der Leser eines Buches schon fast wieder verdächtig. Diese Verdächtigungen gegenüber den Belesenen hatten wir in Deutschland bereits gehabt – und das nicht nur einmal! Adolf Hitler instrumentalisierte seinerzeit bekanntlich alles – nur die Welt der Bücher konnte nicht greifbar gemacht werden: „Woran mag das gelegen haben? Wahrscheinlich in erster Linie daran, dass Hitler alles als Instrument nahm und die Literatur dem machtpolitischen Zweck am wenigsten entgegenkommt. Schon dass sie von lauter einzelnen aufgenommen wird, muss ihn misstrauisch gemacht haben, ihre Wirkungen sind immer unberechenbar."[43] Der Leser bleibt – etwa im Gegensatz zum TV-Medium, das den Rezipienten gar nicht zum Denken kommen lässt, weil es einen permanenten Szenenwechsel bedingt – beim Lesen eines Buches immer Herr seiner Rezeption. Beim Buch bestimmt der Leser, wann und wie lange gelesen wird; beim Fernsehen die Programmacher, wann wir einschalten müssen, um z.B. die Nachrichten oder einen bestimmten Film zu sehen. Daher erklärt sich auch der Erfolg von Internetkanälen wie YouTube oder Netflix, weil sie dem Rezipienten den Anschein einer freien Auswahl lassen.[44]

Bücher haben sich – wenn man die jüngere Kulturgeschichte in Erwägung zieht – tatsächlich als das Aufklärungsinstrument Nummer Eins erwiesen. Bronze sind folglich der Buchkauf und dessen Lektüre, Silber das Exzerpieren – und als Goldstandard darf man demzufolge wohl das eigene Kommentieren und produktive Weiterdenken auf dieser Grundlage bezeichnen. Karl Marx beispielsweise „misshandelte sie (die Bücher – der Verf.) ohne Rücksicht auf ihr Format, ihren Einband, die Schönheit des Papiers oder Druckes; bog die Ecken ein, bedeckte die Ränder mit Bleistiftstrichen und unterstrich ihre Zeilen."[45] Die Qualität eines Buches bemisst sich darin, wie sehr es den Leser beschäftigt. Nur ein Buch, das zum Nachdenken anregt und welches zum Weiterdenken provoziert, wird seiner Bestimmung gerecht.

Man müsste mindestens einhundert Jahre alt werden um alles, was man lernt und weiß, in Buchform niederzuschreiben. Und auch dann würde es wohl kein Ende geben!

Die Lesegewohnheiten ändern sich im Laufe des Lebens: mit fünfzig Jahren werden andere Bücher gelesen als mit dreißig; und „was man nicht las zur rechten Zeit, liest man nicht mehr in Ewigkeit.“[46] Doch unabhängig vom Alter gilt: Wer viel liest, will und wird auch darüber nachdenken, sich artikulieren, neue Ideen verifizieren, gefundene Meinungen austauschen und seine Gedanken in Taten überführen. Das beste Buch ist demnach dasjenige, welches derart zum Weiterdenken anregt, dass man schließlich dieses Buch selbst gar nicht mehr benötigt. Daher lautet die entscheidende Frage hinsichtlich des Stellenwertes des Geschriebenen: Liest man ein Buch, um das Gehirn abzuschalten – oder um es zu aktivieren?

Im Februar 2019 gab es eine öffentliche Diskussion um das Gedenken an Herbert Marcuse. Man dachte ebenso laut wie kontrovers darüber nach, ihm zu Ehren in Deutschland ein Grab- bzw. Denkmal zu errichten.

Sein Sohn antwortete auf diesen Vorschlag sinngemäß: Ihm wäre es lieber, wenn die Menschen, statt Herbert Marcuses Gedenkstätte zu besuchen, die Bücher seines Vaters lesen würden. Vergleichbares gilt ebenso für Johann Wolfgang von Goethe: Wir pilgern heute zur Traditionstradierung nach Weimar zu Schiller und Goethes Gedenkstätte, als wäre es das deutsche Graceland – doch im Sinne Goethes, als universal interessierte Menschen, leben wir überhaupt nicht. Das aber wäre sein Erbe und Vermächtnis!
Dieser Gedankengang führt zur generellen Frage: Wer liest heute eigentlich (noch)? Waren es zur Zeit der genannten Großen Dichter und Denker – hauptsächlich die Männer –,

so fällt heute auf, dass die Männer kaum mehr lesen – weder die großen noch die kleinen; vor allem die Frauen lesen heutzutage: „Wer es nicht glaubt, gehe einmal tagsüber in einen ganz normalen Buchladen."[47]

Es macht auch einen großen Unterschied, wie und wo gelesen wird: Wer immer nur auf der heimischen Couch liegt, erlebt beim Lesen nur die Hälfte, denn das Lesen an neuen Orten vertieft die Lektüre. Man wird beim Lesen an alternativen Orten feststellen, dass man sich bei bestimmten Sachverhalten und Erkenntnissen daran zurückerinnern kann, wo man diese erlesen hat. Ebenso wie Bücher inhaltlich zunehmend einen Mangel an Natur und Realität aufweisen, finden wir selbiges Phänomen auch bei den Leseorten: Wie oft sieht man heute noch Menschen mit einem Buch lesend auf einer Parkbank, auf einem Berggipfel oder am See? Auch wirkt der Austausch mit anderen Menschen über Bücher zusätzlich befruchtend, weil Literatur damit kein isolierter Selbstzweck bleibt. Bücher können darüber hinaus den Leser auch mit der gesamten Menschheit in Verbindung setzen.

Zudem sollte man Bücher, wenn möglich, immer in ihrer Originalsprache lesen. Als Grundregel gilt schlichtweg: So, wie ein Musikstück in transponierter Form nicht mehr authentisch klingt, verfehlt auch ein übersetztes Buch oftmals seine originäre Wirkung. Zumal Übersetzungsfehler die ohnehin unmögliche Authentizität des Originalen, das stets das Originelle beinhaltet, in der Übertragung weiter schmälern. Aus der „fine art" wird dabei dann so manches Mal die „feine Art" – und dabei eben gerade nicht die hohe Kunst!

Für nicht wenige Menschen ist die Welt der Bücher auch ein sicherer und verlässlicher Zufluchtsort vor der Wirklichkeit – das ist durchaus im Sinne des den Horizont Weitenden anzusehen; wenn man jedoch in andere Welten, Sphären und Zeiten eintaucht, wo der (Zu-)Fluchtcharakter eine überdominante Rolle spielt, dann wird der Sinn der Lesewelt verfehlt, weil sie sich von der Realität entkoppelt.

Die meisten kennen den (ehemaligen) Komiker Hans Peter Kerkeling aus den Medien. Er hat gewiss viel oberflächliche und sensationsheischende Massenware produziert – in manchen Fällen ist ihm aber dennoch eine gewisse aufklärerische Subversivität gelungen. Das prominenteste Beispiel dafür dürfte das sogenannte „Hurz"-Projekt sein: eine karikierende Demonstration der Tatsache, dass verballhornter Unsinn – als Kunst der Klassik getarnt – im richtig gesetzten Rahmen nicht zu erkannt werden vermag.

Auch für die Literatur wendete dieser Kabarettist dasselbe Prinzip dementsprechend an: Auf einer großen Buchmesse las er eine Zusammenstellung von in der Kommerzliteratur gängigen Platitüden – und kam auch damit erneut durch, denn die Moral der Geschichte lautet: Man kann den Menschen so ziemlich alles vorsetzen, wenn es nur richtig verpackt wird. Dies ist die große Krux der Literatur wie ebenso der Musik und auch der Kunst im Allgemeinen. Ihr Erfolg hängt heute im Medienzeitalter weniger vom Können des Urhebers ab, sondern vielmehr vom Können des Vermarkters: „Die Öffentlichkeit – sogar die gebildete – hat die Fähigkeit weitgehend verloren, zwischen Wahrheit und

Fälschung zu unterscheiden. Auch auf dem Gebiet der Kunst und Literatur wuchert der große Schwindel.“[48]

Die K und K-Literatur von heute: Krimis und Kochbücher

„Man darf vielleicht den ganzen Zarathustra unter die Musik rechnen.“[49]

Als es noch keine Filme und Fotos gab, kam der Literatur ein ganz anderer, höherer Stellenwert zu – man musste wirklich mit der Sprache für andere nachvollziehbare und belebende Bilder malen können – um den Leser mitzunehmen. Auch gelten Bücher, die beim Leser ein gewisses Kommunikationsbedürfnis wecken, gemeinhin als gelungene Werke: das meint die Zustimmung, aber ebenso eine provozierte Ablehnung. Bücher sollen somit stets zum Weiterdenken anregen und die Kreativität des Lesers (nicht nur des Autors) fördern und dürfen keinesfalls nur gelesener Konsum sein. Die Literatur als eine reine Unterhaltung würde dabei zum bloßen Selbstzweck verkommen.
Allerdings ist der Großteil der gegenwärtigen Literatur oftmals nicht mehr viel besser als das, was im Fernsehen läuft – und dieses Medium besteht schließlich nicht einmal aus bebildertem Text: „Wer fernsieht, macht gänzlich andere Erfahrungen als ein Leser: Was also wird „aus Kindern, die behaglich im Fernsehsessel hocken und andere reden lassen? Sie werden sprachfaule Abnehmer der Ware Wort und Bild.“[50] Das Fernsehen macht es somit dem Buch schwer, sich zu behaupten, weil Ersteres eine bequeme passive Konsumentenhaltung bewirkt, während ein

Buch demgegenüber die geistige Aktivität und das Mitdenken erfordert.
Besonders angesagt sind derzeit im literarischen Bereich – parallel zum dementsprechenden passivistischen Lebensstil im Allgemeinen – (Heimat-)Krimis und Kochbücher. Beide Gattungen stehen allerdings im Zusammenhang mit einerseits einer allgemeinen Nekrophilie und andererseits einer hortenden Charakterorientierung, ausgedrückt im Speise- und Kochtrend:

- Im ersten Fall der Nekrophilie handeln viele literarische Werke unter anderem von der Vergänglichkeit und dem Tod. Große Denker suchten zwar nicht nur das Gespräch mit den Lebenden, sondern auch mit den Toten – der Problemfall ist heute allerdings nicht der literarische Tod selbst, sondern die Nekrophilie im Lebendigen. Gelebte Rückzugstendenzen bewirken zusätzlich einen negativ selbstverstärkenden Effekt, sodass das Gefühl der Alleingelassenheit und Ohnmacht noch weiter verstärkt wird.[51]

- Im zweiten Fall einer hortenden Einverleibung ist die traute Heim-und-Herd-Regression darüber hinaus auch ein tiefenpsychologisches Sinnbild für unausgelebte Wünsche bzw. für eine leicht pathologische Zurückgezogenheit und die Sehnsucht nach einer Rückkehr in den sicheren Mutterschoß. Während der Bezug von Mord und Nekrophilie noch relativ einfach nachzuvollziehen ist, wird das Interesse am Prozess der Nahrungsaufnahme als gesellschaftliches Thema nicht so leicht „verdaut“ – um im Bild zu bleiben. „Erforscht man, warum gewisse Menschen unter Esszwang leiden, dann findet man in der Tat, dass hinter diesem Esszwang, der als solcher bewusst ist, etwas Unbewusstes steckt, nämlich Depression oder Angst. Der Mensch fühlt sich leer, und um diese Leere gleichsam symbolisch auszufüllen, füllt er sich an mit anderen Dingen, mit Dingen, die von außen kommen, um so das Gefühl der inneren Leere und der inneren Schwäche zu überwinden."[52]

Die Musik und die Lyrik gehören wohl zum Größten, was der Mensch erschaffen hat. „Der Lyriker blieb am längsten mit dem Musiker geeint."[53] Die zentralen Themen sind dabei auch die wesentlichen Inhalte des menschlichen Seins, namentlich die Liebe und unsere Vergänglichkeit. Diese beiden Pole unserer Existenz sind jedoch keinesfalls mit dem gleichzusetzen, was heute zur kommerziell orientierten Transzendierung unserer anerzogenen Passivität eingesetzt wird – nämlich Sentimentalitäten einerseits bzw. Mord und Totschlag als andersseitiger reizender Gegensatz. Die menschlich-sinnliche und emotional wie verstandesgemäße Annäherung an diese beiden Phänomene – dem der Liebe wie demjenigen des Todes – unterscheidet sich diametral von dem, was in den Medien als solches verlauft wird. Dort wird unsere Sehnsucht nach Liebe, Transzendenz und sinnhaftem Dasein nur in billiger, ja regelrecht schäbiger Weise benutzt und dabei keineswegs gestillt; sie bleibt unbefriedigt und wird lediglich verzweckt und kommerziell verkauft.

Unsere Dichtkunst

„Die echten Schriftsteller sind die Gewissensbisse der Menschheit."[54]

„Wie wohl ist dem, der dann und wann
Sich etwas Schönes dichten kann!"[55]

„Dichter sagen es besser als wir es können" – aber wir wissen das, was sie sagen, auch!"[56]

„Die Lyrik, unser alter Stolz und Halt,
Wird nicht mehr jung, die jüngste niemals alt."[57]

„Bei einem lyrischen Gedichte muss nicht allein, wie im Übrigen in der Poesie, das Leben, nein, es muss geradezu das Erlebnis das Fundament desselben bilden. Den echten Lyriker wird sein Gefühl, wenn es das höchste Maß von Fülle und Tiefe erreicht hat, von selbst zur Produktion nötigen."[58]

Angesichts vieler antidemokratischer, technophiler und inhumaner Entwicklungen erscheint mir bezogen auf unsere Situation im postmodernen Deutschland eine Feststellung durchaus bedeutsam: Es gibt – besonders nach dem unsäglichen zwanzigsten Jahrhundert – vielleicht nicht mehr allzu viel, was das Deutschland der (Post-)Moderne besonders auszuzeichnen vermag. Seine befruchtende und ergiebige Sprache aber und deren Reichtum machen vieles wieder wett – daher wollen wir uns nun dieser zuwenden.

Die Sprache steuert zunächst das Denken. Wer eine vielfältige, variative und offene Sprache zur Verfügung hat, kann weiter denken als der linguistisch Begrenzte. Wem demgegenüber nur eine reduzierte Sprache zur Verfügung steht, dessen Denkreichweite wird dadurch bereits stark eingeschränkt. Sprachliche Suppression und individualpsychologische Repression gehen eng miteinander einher.
Nicht jeder Mensch kann ansprechend dichten, nicht jeder kann hinreichend malen, nicht jeder kann anhörbar Klavier spielen und auch nicht jeder kann einen Marathon laufen – aber doch kann jeder einiges. Es muss nur getan werden! Der Mensch muss dabei vorwiegend die Furcht vor dem eigenen Denken überwinden. Man sollte z.B. auch einmal mit sich selbst allein sein können; hierbei jedoch entstehen bei selbstentwöhnten Menschen z.B. ausartikulierte Ängste, welche einer inneren Gedankenfurcht entspringen.

„Die handeln und die dichten –
Das ist der Lebenslauf,
Der eine macht Geschichten,
Der andere schreibt sie auf."[59]

Bücher schreibt man nicht zu Bürozeiten – ein Nine-to-Five-Wochenjob fördert nicht gerade die Kreativität. An dieser Stelle soll nicht darauf eingegangen werden, was dies für die Arbeitswelt bedeutet, sondern die andere Seite betrachtet werden: nämlich das, was diese bürokratisch geregelte Arbeitswelt außen vorlässt (und sich damit auch selbst vorenthält): die kreativ-produktive Leistungsfähigkeit. Ebenso bedeutsam ist dabei eine der Produktivität gerecht werdende Arbeitseinteilung: „Länger als eineinhalb

Stunden schreibe ich selten an einem Stück."[60] Eine solche Feststellung ist keineswegs ein Ausdruck von Bequemlichkeit, sondern – ganz im Gegenteil – von Fokussierung.
Zudem sollte man einen klugen Gedanken niemals verwerfen – es könnte schließlich sein, dass er nie wieder auftritt; und alles, was man allein in der Zukunft sucht, wird man unter Umständen nur mehr schwerlich finden können. „Goethe, der wie Hegel in vieler Hinsicht von Spinoza beeinflusst war, entwickelte den Gedanken der menschlichen Produktivität zu einem zentralen Moment seines philosophischen Denkens."[61]

„Man büßt es teuer, unsterblich zu sein: man stirbt dafür mehrere Male bei Lebzeiten."[62]

Wann ist nun jemand ein Dichter zu nennen? „Solange er bloß seine wenigen subjektiven Empfindungen ausspricht, ist er noch keiner zu nennen; aber sobald er die Welt sich anzueignen und auszusprechen weiß, ist er ein Poet."[63] Wie kommt es nun aber dazu, dass ausgerechnet ein bestimmter Dichter (abgesehen vom für alle Zeiten nicht ganz zu Unrecht als Poetenprimus gesetzten Goethe) alle anderen exkommunizieren darf? Dass er vom Feuilleton in den Himmel gelobt wird und ihn hinsichtlich des zugeschriebenen Talents alle Publizisten öffentlich rühmen?
In der heutigen Medienlandschaft ist dafür eine wichtige exklusive Voraussetzung zu erfüllen, welche lautet: Unbescholtenheit! Politisch korrekt und unangreifbar heißt im heutigen Medien-Deutschland ganz konkret: frei von jeglichen im Nachhinein andichtbaren (falschen) Nationalismen zu sein, denn die postmodernen Medien richten stets rück-

wirkend aus sicherer Position heraus; ihre aktuellen, zeitkonformen und ebenso egozentrischen Maßstäbe werden wie selbstverständlich auch zu denjenigen der Geschichte gemacht. Das bedeutet, dass ein Poet nichts mit dem Dritten Reich zu tun gehabt haben durfte – was sich, wenn man damals leben musste, jedoch als ungleich schwieriger darstellte, als dies die heutigen Medien in ihrer machtzentrisch korrektisierten Verengtheit einer subjektivistischen Retrospektive zugestehen. Der talentierte Dichter Rudolf Presber beispielsweise scheidet demzufolge schon einmal aus, weil er die am 26.Oktober 1933 veröffentlichte Erklärung auf den Reichskanzler Adolf Hitler unterzeichnet hatte. Erstaunlicherweise hat Selbiges dem Dichter Gottfried Benn nachträglich kaum geschadet. Aber wer möchte heute schon behaupten, dass unsere Medien gerecht wären und objektiv richten würden? Somit bleibt unter dem medialen Ausgrenzungsstrich nur noch ein relativ sehr enger Zeitraum der politischen Korrektheit.[64]
Ein solcher Korrektheitswahn, der eigentlich nur in seinem Auftreten ein solcher ist und tatsächlich inhaltlich-motivational als eine Form der Machtausübung und des Sadismus auftritt, betrifft inzwischen vor allem die aktuelle Mediensprache. Ein zu Lebzeiten Theodor Storms gängiges Wort, wie etwa „Gesinde“, wird mit dem heute abwertend als „Gesindel“ gedanklich konnotiert. Man denke nur einmal daran, wie oft beispielsweise das Wort „Pöbel“ in Nietzsches Zarathustra vorkommt! Sollen wir nun etwa alle Gedichte umschreiben, um bei der Correctness stets up-to-date zu sein? Und ein Jahrzehnt später erneut, weil man die Richtschnur dessen, was geht und was nicht, wieder einmal enger gezogen hat? Die phänomenologische Wahrheit be-

steht allerdings darin, dass solche Werke schlichtweg keine Beachtung mehr finden, sie werden ignoriert, übergangen und regelrecht geistig verbrannt. Wer ein solches Gedicht liest, erfährt ob seines Korrektheits-Über-Ichs durchaus gewisse Schuldgefühle. Um diesen zu entgehen, verzichtet er somit vielleicht auf das, was diese Gewissensbisse auslöst. So verschwinden viele großartige Gedichte und mit ihnen ihre Autoren in der Versenkung: sic transit gloria mundi.

Die Suche nach der Größe

„Die Poesie ist das Leben, gesehen in Reinheit und gefasst in den Zauber der Sprache.“[65]

Die Frage nach dem größten deutschen Dichter kann ich nur mit einer Gegenfrage beantworten: Wer nicht?[66] Meine drei Lieblingsgedichte sind jedenfalls „Das Pferdchen“ von Rudolf Presber, „Der Heideknabe“ von Friedrich Hebbel und „Die Ballade vom Nachahmungstrieb“ von Erich Kästner. „Keiner auch der großen Lyriker hat mehr als sechs bis acht vollendete Gedichte hinterlassen, die übrigen mögen interessant sein unter dem Gesichtspunkt des Biographischen und Entwicklungsmäßigen des Autors, aber in sich ruhend, aus sich leuchtend, voll langer Faszination sind nur wenige.“[67]

Selbst wenn sich dies vielleicht ein wenig wie ein Tagebucheintrag anhören mag: Ich möchte an dieser Stelle auch gerne meine Lieblingsdichter preisgeben – damit auch andere sich an ihnen erfreuen können. Nicht alle sind schließlich ganz so geläufig, wie etwa Johann Wolfgang von Goethe, Friedrich Hölderlin oder Friedrich Rückert. Gewiss trifft Heinrich Heine nicht jedermanns Geschmack und dann, wenn er einmal in das Spöttelnde abgleitet, bin auch ich nicht mehr hundertprozentig begeistert; doch war er ein Realist wie kaum ein anderer! Zudem hatte er – wie Goethe vor ihm – die deutsche Lyriklandschaft nachhaltig verändert. Die Dichtung nach Schiller und Goethe war nicht mehr dieselbe wie zuvor; und nach der Zäsur durch Heine war sie ebenfalls eine andere geworden. Friedrich Hebbel schreibt sehr inhalts- und formvollendet, Matthias Claudius sehr lesenswert und Fontanes Balladen stehen denen Schillers kaum in etwas nach. Im Zusammenhang mit hoher Dichtkunst ist im Übrigen ebenso der oft verkannte und als starrer Moralist fälschlicherweise rezipierte Wilhelm Busch zu nennen. Auch der der Münchener Eugen Roth schreibt so, wie man es sich nur wünschen kann: seine Gedichte sind durchkomponiert bis ins Letzte – auch wenn sie inhaltlich meist „nur" der Alltagslyrik zuzurechnen sind. Leichter Stoff ist manchmal gewiss schwer dichten – doch gerade schwerer Stoff ist alles andere als leicht dichten; gibt doch die Thematik bereits eine gewisse Tiefe vor. Selbst der nach Karl Marx und Siegmund Freud wohl meistgehasste deutschsprachige Denker, Friedrich Nietzsche, war auch ein heute zumeist übersehener Dichter.

Theodor Storm ist wohl derjenige, der von allem, was ein großer Dichter vermögen sollte, das Meiste hat und vieles Herausragende auf sich vereint. Um hierbei nicht falsch verstanden zu werden – selbstverständlich gibt es im deutschsprachigen Raum neben Friedrich Schiller und Johann Wolfgang von Goethe sehr viele Poeten, von welchen ich besonders noch Peter Huchel, Conrad Ferdinand Meyer, Friedrich Hölderlin, Manfred Hausmann und Ludwig Uhland direkt erwähnen möchte. Was Gottfried Keller betrifft, so halte ich ihn für einen der einfühlsamsten Erzähler der deutschsprachigen Geschichte, was seine Dichtung ein wenig in diesen weit geworfenen Schatten stellt.

Ein gelehrter Kopf spricht auch noch nach seinem Tode.

Wessen Gedichtband ich nun auf eine einsame Insel mitnehmen würde? Heinrich Heines Werk wäre gewiss ein Kandidat dafür, allerdings wären dann wohl Wunsch Nummer zwei und drei ein Baum und ein Strick! Die Wahl fiele bei mir definitiv auf den bereits erwähnten Theodor Storm. Wir alle können uns wohl auf Schillers Balladen einigen, die weise, witzig, spruchsinnig, unterhaltsam und zugleich zeitlos sind.[68] In die Palliativstation jedoch werde ich einmal Gottfried Kellers „Romeo und Julia auf dem Dorfe“ heimlich einschmuggeln. Wenn ich schließlich bemerken werde, dass es zu Ende geht mit mir, dann werde ich exakt in dem erzählzeitlich-realzeitlichen Tempo lesen, dass sich diese Geschichte mit meiner eigenen erfüllt.[69]

Die Aufgabe des Dichters ist nicht das Aufzeigen von bestimmten Wegen, sondern das Wecken der Sehnsucht, diese zu gehen.[70]

Beim Schreiben zensiert man sich selbst, bei der Rede zensieren andere. Schreiben heißt auch weglassen können.[71] „Unser Schreibwerkzeug arbeitet mit an unseren Gedanken.“[72] Und dann, wenn sich die Zettel häufen, drängt das

Werk! „Wenn ich zuweilen in einem meiner alten Gedankenbücher einen guten Gedanken von mir lese, so wundere ich mich, wie er mir und meinem System so fremd hat werden können, und freue mich nun so darüber wie über einen Gedanken eines meiner Vorfahren.“[73]

Aber nicht nur hinsichtlich der Komposition kann die hohe Literatur vieles erhellen. Am meisten über das neunzehnte Jahrhundert habe ich beispielsweise bei Heinrich Heine und Friedrich Rückert gelernt, über das zwanzigste bei Hans Fallda. Kein Historiker könnte einem Dichter oder Erzähler hierbei das Wasser reichen; zumal man bei rezenten Historikern gewiss einiges über die Repression der zwanziger Jahre lerne könnte – allerdings die zwanziger Jahre des 21. und weniger diejenigen des 20. Jahrhunderts!

„Gleichwohl – wir müssen dabei bleiben:
Am wichtigsten sind die, die schreiben!“[74]

Anhang

Ein kleiner Verwendungshinweis

Wer darf aller hinein, mit ins heimelig-warme Bett?
Die Frau Gemahlin – doch wann war´s mit ihr zuletzt so richtig nett?

Die Katze? Nein! Vielleicht hat sie nen Floh!
Die Kinder? Schon viel zu alt – und für den Hund gilt´s ebenso!

Die Wärmflasche auch nicht; es wär doch zu viel der Mühe,
Drauf liegt man unbequem, wenn´s zugeht auf die Frühe.

Fürs Fieber vielleicht ein Thermometer?
Auch das kommt hoffentlich erst später!

Ein kleiner Brief, vielleicht als Botschaft unterm Kissen?
Auch die Nachtsocken können wir gern missen.

Keine Bibel samt Vaterunser, Prophetentum und Fluch;
Mit ins Bett darf nur das neue Lyrikbuch!

In eigener Mache

Nun liegt er vor, frei aus meiner Dichterhand:
Ein erster großer Lyrikband.
Thematisch geordnet von ernst bis heiter;
Von der Wiege bis zum Sarg – und manchmal gar noch weiter.

Nicht immer so, wie´s manch postmoderner Rezensent heut haben will,
Doch nur der Mutige zieht sie auf sich: der Kritik Unbill.
Richtet ruhig darüber, lasst davon Euch inspirieren,
In die Tiefe ziehen und zum Nachdenken verführen!

Da jede Geschichte hat zwei Seiten und ein janusköpfig Wesen,
So lässt sich dies Bändchen vorne wie hinten wohl gut lesen:
Einmal hintergründig und betrachtet mit Humoristik,
Dann plötzlich wieder ernster, doch niemals verschlagen-listig.

Hierzulande denkt man bekanntlich um manch Ecken:
In welche Schublade sollen wir den nun wieder stecken?
Begierig zu wissen, wer jemand wirklich ist:
Romantischer Lyriker, Tragiker oder doch ein verkappter Humorist?

Ein Dichter, Denker, Pädagoge oder gar Psychoanalysand?
Die tiefe Welt im flachen Land?
Multiinstrumentalist, Sänger, ebenso Musikus:
Schlichtweg kreativ und verfallen dem geistig Hochgenuss.

Wie soll man über ihn bloß richten:
Erst radelt er extrem, dann forscht er, jetzt muss er auch noch dichten?
Doch komponiert hab ich schon vor über vierzig Jahren,
Und so verhält sich´s auch mit dem Fahrrad fahren.

Nicht viel anders als mit dem Sport ist´s mit der Poesie,
Als produktiv-biophiler Mensch mit Ideen und Fantasie.
Nur die Wahrnehmung, sie hinkt meist deutlich hinterher,
Und macht manchem Beobachter das Verstehen durchaus schwer.

Und grad das, was man selbst nicht hat und kann,
Dichtet man deshalb gern den anderen einmal an.
Und oft wollen sie doch nur in Dir sehn,
Das Wenige, was sie Dir so zugestehn.

Man sagt mir glatt: „Wie wär´s mit Lyrik, froh und heiter?"
Und schon ging´s empor die karrieristisch Leiter.
Nicht, dass ich nicht gern lachen würd´ und darüber auch mal schriebe:
Doch Karriere? Viel höher stehn doch der Tod und unsere Liebe!

Somit stellt sich erneut die Frage: Wer wohl dieser Dichter ist.
Drum kurz und schmerzlos: Ich bin ein Humanist.
Nicht mehr, doch auch nicht weniger – mit Verlaub.
Wohl einer dieser Spezies Letztversprengten, die noch an den Menschen glaubt.

Wobei der wahre Humanismus keine Auszeichnung darstellen muss,
Er ist schlicht und kurz der Weisheit letzter Schluss.
Der einschließt Tier und Geschöpf – anders als bei Kant und Goethen,
Und auch ein neuer Heiland ist dafür gewiss nicht mehr von Nöten!

Das Leben entfalten, so wie es in uns selber drin,
Das ist des ganzen menschlich Dasein tiefer Sinn!
Zu wachsen, leben und kreativ gedeihn,
Dann stellt sich wie von selbst Zufriedenheit auch ein.

Und besonders die Dramatik ganz allein
Kann längst noch keine Tragik sein!
Viel zu oft vermisst man die Metrik, zählt die Silben gar,
Dem entgegen setz ich allein das Gute und Schöne nur als wahr.

Helle Lyrik in eine dunkle Welt,
Die man nur mit Freidenk noch erhellt.
Nennt es nicht immer nur christlich und heuchelt nicht zu viel;
Denn nicht Kirche, sondern Humanismus heißt der Menschheit Ziel.

Genug nun der zahlreichen Worte,
Nicht noch mehr dazu an diesem Orte.
Weil sich der zweite Vorname besser reimt und bestimmt nicht, dass ich damit wirk:
Hiermit liegt´s vor: das erste Werk von Heinze Achim Dirk!

Zum Autor

„Wenn ich einmal sterben werde, so werde ich nicht das Gefühl haben, umsonst gelebt zu haben. Ich habe das Dämmerrot des Abends gesehen, das Blitzen des Taus am Morgen und das Glänzen des Schnees unter einem frostklaren Himmel, ich habe den Regen nach einer Dürre gerochen und gehört, wie die stürmenden Wogen des Ozeans an die felsigen Küsten schlugen.“[75]

Weder das ABC – sprich das Lesen – habe ich (vor der Schule bereits) systematisch erlernt noch gilt das für die Lyrik. Begonnen wurde schlichtweg dort, wo es einem gefiel, wo man Motive fand und zu etwas Konstruktiv-Produktivem angeregt wurde. Seit meiner Grundschulzeit schreibe ich beispielsweise Tagebuch – abgesehen von einer kleinen Unterbrechung zu Beginn der Pubertät. Wenn Sie von mir wissen wollen, was am z.B. 28.6.1989 los war, dann fragen Sie mich einfach. Ich könnte es im entsprechenden Buch nachschlagen, aber in einem von vier Fällen weiß ich es auch ohne diese Hilfe. Der Eintrag ins Buch ist dabei lediglich eine Form des Memorierens – doch das wahre Leben sollte im Kopf bleiben und dabei hilft die aktive Erinnerung. Ich habe mir schon des Öfteren eine kleine Aufgabe daraus gemacht, wenn es sich ergibt, dass andere von einem bestimmten Datum sprechen (z.B. ihrem Hochzeitstag, einem bestimmten Geburtstag oder einem schicksalhaften Ereignis), ihnen (nach etwas rekonstruktivem Nachdenken natürlich) zu sagen, was ich an diesem Tag gemacht habe.[76] Als Beweis# dient dabei immer das Wetter, welches ich fast durchgängig notiert habe – und das mir die allergrößte Erinnerungshilfe ist. Die meisten Menschen reagieren jedoch mit Abscheu darauf, wenn ich ihnen vielleicht mitteile, dass es an dem Tag, an welchem z.B. ihr erster Arbeitstag in einer neuen Firma war, stark geregnet hatte – und sie sich noch daran erinnern können (was meistens ohnehin nicht der Fall ist) und dies tatsächlich auch zutrifft. So etwas scheint manchen Menschen große Angst zu machen, vor allem den Digital Natives. So viel zum Thema gelebte Biografie.

In den 1990er-Jahren begann ich ernsthaft, Gedichte zu schreiben; dies geschah erstmals während meines Studiums – ich wollte mich einfach sinnvoll beschäftigen! Der Grund, weshalb dann eine längere Unterbrechung folgte, war schlichtweg jener, dass um die Jahrtausendwende die technische Möglichkeit gegeben war, Lieder und Musik in einer der Komposition gerecht werdenden Form und Qualität im Heimstudio aufzunehmen. So verlagerte sich die Dichtkunst auf die Liedform. Dazu ist allerdings festzuhalten, dass die Dichtung nicht von der Liedform abzulösen ist, wie bereits Heinrich Heine richtigerweise feststellte – „ein Lied ist das Kriterium der Ursprünglichkeit."[77]
Die Tatsache, dass mich die Dichtkunst nie losgelassen hat, steht durchaus in der Tradition unserer Familie. Mein Großvater, der ein großer Verehrer von Gerhart Hauptmann und Theodor Fontane war, investierte das erste äußerst knappe Geld nach den Nachkriegswirren sinnigerweise in die Anschaffung einer Geige und das Anbringen eines Spruches von Theodor Fontane an dem auf Erbpacht von der Familie bewohnten Haus. Für ihn war die geistig-

psychische Erbauung stets wichtiger als die physische! Und ich finde, dass er durchaus recht hatte.

„Die Welt ist dumm, die Welt ist blind,
Und dich wird sie immer verkennen:
Sie weiß nicht, wie süß deine Küsse sind,
Und wie sie beseligend brennen.“[78]

Literaturverweise und ergänzende Angaben

---

1 Alternative und gendergerechte Version: „Ein wenig zu tief nur eingedrungen
Und die sitzende Frau wird zum kleinen Jungen. “

2 Frei nach H.H.!

3 Altmann, A.: Notbremse nicht zu früh ziehen! Mit dem Zug durch Indien Hamburg 2017, 9. Aufl., S. 27

4 Fromm, E.: Sigmund Freud Seine Persönlichkeit und seine Wirkung Gießen 2019, S. 32

5 Funk, R.: Das Leben selbst ist eine Kunst Freiburg 2018, S. 150

6 Roth, E. Werke Band 3 München 1977, S. 562

7 Mancher kann gewiss gut schreiben – aber er hat wenig, worüber er schreiben kann, weil er zu wenig erlebt.

8 Was aber wäre der Titel ohne Mittel? Vgl. Sprichwort. zit. nach Pawlak, M.: Zitate von A bis Z Herrsching 1989, S. 390

9 Nietzsche, F.: Ecce homo Köln 2007, S. 109

10 Frankl, V.: Trotzdem Ja zum Leben sagen 2017, 9. Aufl. S. 122

11 Fromm, F.: Über die Liebe zum Leben. München 1986, S. 98f.

12 Nietzsche, F.: Ecce homo Köln 2007, S. 43

13 Speer, A.: Spandauer Tagebücher Frankfurt am Main 1975, S. 654

14 Pressler, M. In: Frank, A.: Anne Frank Tagebuch Frankfurt am Main 2017, 26. Auflage S. 326

15 Altmann, A.: Dies beschissen schöne Leben München 2014, S. 165

16 Freud, S.: Das Unbehagen in der Kultur In: Sigmund Freud: Gesammelte Werke Köln 2014, S. 866

17 Broder, H.M. Kritik der reinen Toleranz Berlin 2008, S. 73

18 Talmud/Pesachim zit. nach Fromm, E.: Das Christusdogma und andere Essays Gießen 2020, S. 31

19 Jung, C.G. zit. nach Bloch, E.: Das Prinzip Hoffnung Band 1 Frankfurt am Main 2019, 11. Aufl., S. 70

20 Lauster, P.: Lassen Sie der Seele Flügel wachsen Wege aus der Lebensangst Reinbek bei Hamburg 2003, S. 9

21 Frankl, V.: Trotzdem Ja zum Leben sagen 2017, 9. Aufl. S. 32

22 Nürnberger, Chr.: Die Machtwirtschaft. Ist die Demokratie noch zu retten? München 1999, 2. Aufl., S. 79

23 Und hoffentlich nicht beim Monopolisten mit dem großen A – denn dort kann man eBooks inzwischen „ausleihen“, wobei nur noch nach gelesenen Seiten abgerechnet wird. Ein weiterer Schlag in das Gesicht von Verlagen und Urhebern.

24 Seela, S.: Die Lagerbücherei im KZ Dachau In: Dachauer Hefte 7 Solidarität und Widerstand Dachau 1991, S. 34, S. 46

25 Altmann, A.: Dies beschissen schöne Leben München 2014, S. 58

26 Bei denen sogar der deutsche Michel dafür sorgt, dass es bloß niemand wagen wolle, sich ohne Entgelt ein ohnehin vor allem durch die Werbung finanziertes Boulevardblatt

mitzunehmen – und sogleich standgerichtlich-zivilcouragiert den „Schwerverbrecher“, der ohne Münzeinwurf eine solche Zeitung entnimmt, zu überführen sucht.

[27] Heine, H. zit. nach Thamer, H.-U.: Beginn der nationalsozialistischen Herrschaft In: Informationen zur politischen Bildung 251 Nationalsozialismus 1 für politische Bildung (Hrsg.) München 1994, S. 52

[28] Goethe, L.W. von In: Goethes Spruchweisheit Insel Verlag o.O. o. Hrsg., S. 76

[29] Hesse, H.: Mit Hesse durch das Jahr Bühl 1977, o.S.

[30] Frank, A.: Anne Frank Tagebuch Frankfurt am Main 2017, 26. Auflage S. 71

[31] Vgl. Postman, N. zit. nach Moser, H.: Einführung in die Medienpädagogik Aufwachsen im Medienzeitalter Opladen 1995, S. 63

[32] Frank, A.: Anne Frank Tagebuch Frankfurt am Main 2017, 26. Auflage S. 240

[33] Hesse, H.: Mit Hesse durch das Jahr Bühl 1977, o.S.

[34] Roth, E.: Sämtliche Werke Band 1 München 1977, S. 44

[35] Nietzsche, F.: Götzen-Dämmerung Köln 2008, S. 77

[36] Speer, A.: Spandauer Tagebücher Frankfurt am Main 1975, S. 465

[37] Vgl. Gruen, A.: Der Fremde in uns Stuttgart 2018, 13. Aufl., S. 7

[38] Goethe, L.W. von In: Goethes Spruchweisheit Insel Verlag o.O. o. Hrsg., S. 75

[39] Eine solche Vorzensur gab es nicht einmal zu Drittreichzeiten – im stalinistischen Russland hingegen schon.

[40] Ein Buch, welches den digitalen Anbieter-Monopolisten „angreift“, wird dann vielleicht dort bald nicht mehr erhältlich sein. Wie sollte es sich dann im digitalisierten Büchermarkt – der bereits einen inhaltlichen Widerspruch in sich trägt – noch verkaufen? Es darf zudem nicht vergessen werden, dass zwar nicht alle beim Grossisten mit dem großen „A“ kaufen, sich aber dort dennoch dort über die Angebote informieren. Man müsste eigentlich auf jedem Buch folgenden Hinweis anbringen: Die Hälfte der Einnahmen kommt einem internationalen Großhändler zu Gute, der mit Urheberschaft, Herstellung und Produkthaftung nichts zu tun hat. Und damit ist nicht der Erlös abzüglich der Herstellungskosten gemeint, sondern die garantierte Summe vor Abzug.

[41] Roth, E. Werke Band 3 München 1977, S. 560

[42] Nur dass man ein Buch nicht so leicht aus den Händen legt, wie man eine Taste auf der Fernbedienung drückt oder mit einem Mausklick im Internet von New York nach Japan wechselt.

[43] Speer, A.: Spandauer Tagebücher Frankfurt am Main 1975, S. 2464f. Dabei kam Hitler nicht wegen, sondern trotz des Radios, das zur Zeit seines Aufstiegs noch in den Händen seiner Gegner war, an die Macht. Vgl. Moser, H.: Einführung in die Medienpädagogik Aufwachsen im Medienzeitalter Opladen 1995, S. 14

[44] In der Regel wird eine Unterbrechung notwendig – damit sich das Gelesene setzen kann. Manche Menschen abonnieren keine Zeitschriften, obwohl sie jede Ausgabenummer der jeweiligen Reihe Monat für Monat lesen – aus dem ganz einfachen Grund der Emanzipation: Der Leser möchte selbst entscheiden, was er wann liest – und dies nicht dem Verkäufer überlassen; auch das ist ein Stück Freiheit, welches es zu bewahren gilt!

[45] Lafargue, P. zit. nach Fromm, E.: Das Menschenbild bei Marx Gießen 2018, S. 226 Ich ziehe ebenso sogleich den Einband eines neuen Buches ab und werfe diesen sogar weg; dieser stört doch nur beim Lesen und Arbeiten!

[46] Roth, E. Werke Band 3 München 1977, S. 562f.

[47] Spitzer, M.: Vorsicht Bildschirm! Elektronische Medien, Gehirnentwicklung, Gesundheit und Gesellschaft München 2007, 3. Aufl., S. 141

[48] Fromm, E.: Vom Haben zum Sein. Berlin 2011, S. 24

[49] Nietzsche, F.: Ecce homo Köln 2007, S. 86

[50] Jörg, S. zit. nach Moser, H.: Einführung in die Medienpädagogik Aufwachsen im Medienzeitalter Opladen 1995, S. 106

[51] Hingegen ist die Lust am Toten und allem, was damit zusammenhängt – wie letztlich auch das Morden –, als äußerst primitiv einstufen und keineswegs ein Kennzeichen von Hochkultur.

[52] Fromm, E.: Die Kunst des Lebens Freiburg im Breisgau 2014, S. 81

[53] Nietzsche, F.: Götzen-Dämmerung Köln 2008, S. 66

[54] Feuerbach, L. zit. nach Pawlak, M.: Zitate von A bis Z Herrsching 1989, S. 330

[55] Busch, W. Storm, T. In: Der ewige Brunnen Ein Hausbuch deutscher Dichtung Reiners, L. (Hrsg.) München 1959, S. 881

[56] Arendt, H.: Was heißt persönliche Verantwortung in einer Diktatur? München 2019, 4, Auf, S. 55

[57] Dingelstedt, F. In: Storm, T.: Gedichte Stuttgart 1993, S. 87

[58] Niendorf, M.A. In: Storm, T.: Gedichte Stuttgart 1993, S. 87

[59] Eichendorf, J. Von In: Der ewige Brunnen Ein Hausbuch deutscher Dichtung Reiners, L. (Hrsg.) München 1959, S. 983

[60] Lauster, P.: Lassen Sie der Seele Flügel wachsen Wege aus der Lebensangst Reinbek bei Hamburg 2003, S. 144

[61] Fromm, E.: Das Menschenbild bei Marx Gießen 2018, S. 43

[62] Nietzsche, F.: Ecce homo Köln 2007, S. 93

[63] Fromm, E.: Das Menschenbild bei Marx Gießen 2018, S. 43
Selbst die ganz großen Meister sind nicht unfehlbar. Ein Gedicht, wie etwa „Der Panther" von Rainer Maria Rilke, erscheint nicht ganz ausgegoren – ihm fehlen noch zwei bis drei Strophen und die bestehenden könnten prägnanter und konsistenter auf den Punkt kommen. Rilke ist in der Gesamtschau durchaus sehr lesenswert, aber nicht ganz so großartig wie er heute gemacht wird.

[64] Und in diesen fällt beispielsweise Rilke.

[65] Grimm, J. In: Der ewige Brunnen Ein Hausbuch deutscher Dichtung Reiners, L. (Hrsg.) München 1959, S. 10

[66] Deutsch im Sinne von deutschsprachig.

[67] Benn, G. In: Storm, T.: Gedichte Stuttgart 1993, S. 147

[68] Kein Goethe ohne Schiller und Schiller wohl zuerst – das hat bekanntlich auch Goethe so gesehen und – das ist das Entscheidende – Schiller ebenfalls!

[69] Ich habe einmal (im übertragenen Sinne) ausgesprochen, dass ich für die zitierte Sinnspruchhaftigkeit von Heinrich Heine gerne ins Gefängnis gehen würde und mich für Storm und Fontane totschlagen lasse. Das kam wieder einmal gar nicht gut an, obwohl dies nur eine notwendige Spitze im Kampf um die längst verlorene Meinungsfreiheit darstellte. Ich bleibe dabei: Das Erbe Hebbels, Droste-Hülshoffs und Gryphius ist heilig!

[70] Vgl. Hesse, H.: Mit Hesse durch das Jahr Bühl 1977, o.S.

[71] Vgl. Frisch, M. zit. nach Altmann, A.: Dies beschissen schöne Leben München 2014, S. 57

[72] Nietzsche, F. zit. nach Te Wildt, B.: Digital Junkies Internetabhängigkeit und ihre Folgen für uns und unsere Kinder München 2016, S. 333

[73] Lichtenberg, G.C. zit. nach Otte, R.: Denken altert nicht In: Meier, J. und Bremer, F.: Der Mensch ist kein Ding! Neumünster 1996, S. 155

[74] Roth, E. Werke Band 3 München 1977, S. 567„Wer als Schriftsteller oder Vortragsredner Geld verdienen möchte, muss populär sein, und das bedeutet, dass es mit ihm steil bergab geht." Fromm, E.: Wege aus einer kranken Gesellschaft. München 2014, 8. Aufl., S. 184

[75] Russell, B. zit. nach Fromm, E.: Über den Ungehorsam und andere Essays Gießen 2019, S. 52

[76] Eine wichtige erste große Hürde ist es dabei, den richtigen Wochentag herauszufinden.

[77] Niendorf, M.A. In: Storm, T.: Gedichte Stuttgart 1993, S. 94

[78] Heine, H. In: Der ewige Brunnen Ein Hausbuch deutscher Dichtung Reiners, L. (Hrsg.) München 1959, S. 671